AKBのヒ・ミ・ツ

Hirotake Mochizuki
望月寛丈

文芸社

はじめに

自分が初めてＡＫＢなるものを見たのはいつだっただろうか？　よくは覚えていないが、一般的な人たちよりも遅かったと思う。

自分は基本的にアイドルには興味がない。だから、積極的にアイドルの情報を収集することなどなかったから、ＡＫＢの存在を知ったのも、世間からは少し遅れてしまった。

だから、ネット上で熱烈なＡＫＢファンのことを揶揄して「アケカス」といったりするが、自分はそれには当てはまらないし、また、ＡＫＢのライバルとも言えるハロー！プロジェクトの強烈なファンを揶揄する「ハロカス」にも当てはまらない。また、ももいろクローバーＺの強烈なファンを意味する（この言葉には揶揄の意味はないか？）「モノノフ」でもない。

ただ、自分は音楽文化には興味があり、過去にインターネットと音楽の関連についての本を書いたこともあるから、必然的にＡＫＢの動画やグラビアなどを色々と観察・思索することとなり、また、それに合わせてその他のアイドルのグラビアや動画なども見るようになった。

確かに、ＡＫＢ、その他を問わず、彼女たちアイドルは魅力的である。見ていて面白いし、楽しい。グラビアや動画を見ることに少々ハマってしまったくらいだ。

ただ、前述のように、私は元々、アイドルに興味がない方だから、知識、情熱、その他で至らない点は数多くあると思う。

しかし、その一方で、そうであるからこそ、冷静に、客観的に見ることができるとも思う。この本はその点に留意して書いたし、その点に留意して読んで欲しい。

ＡＫＢ関連の本は基本的にＡＫＢが大好きな人が書いていると思われるが、それに対して、この本はどちらかと言えば、中立な立場からの本である。マイノリティーな立場から書かれたものであるが、時にはそういう視点も必要であろう。

それと、「会いに行けるアイドル」など、一般的に語られていることはあまり対象にしない。もし、対象にするとしても、異なった視点が主となる。そういうことはＡＫＢが大好きな人にはかなわないし、また、ＡＫＢについては語りつくされた感があるので、今さら、一般に流布していることを語っても仕方がない。その部分は自分の役割ではないだろう。

そして、ＡＫＢのことを書くのに、ハロー！プロジェクトとの対比をよく用いている。これは、２０１０年前後から、アイドルの中心がハロー！プロジェクトからＡＫＢに変わったという事実があるし、また、その理由を説明することにもなるからだ。当然、ＡＫＢの側を良く持ち上げることになるのであるが、この点はハロプロファンの方にはご容赦いただきたい。

この本の内容の構成を簡単に説明すると、まず、第１章「ＡＫＢのシ・ク・ミ」でＡＫＢという集団の特色を解説する。ＡＫＢは他のアイドルグループとどのような点が異なり、どのような点が優れているのかということを解説するのだ。

第２章「ＡＫＢのジ・ダ・イ」では、そのＡＫＢが他のアイドルグループに対し、なぜ優位に立ったのかということを時代の動きと絡めて解説する。

第３章「ＡＫＢのコ・レ・カ・ラ」では、ＡＫＢと他のアイドルグループが留意した方がよいと思われる点を解説する。

第４章「ＡＫＢのユ・ク・ス・エ」では、これからの時代のアイドルが置かれるであろう環境などを解説する。

では、最後までよろしくお願いします。

ＡＫＢのヒ・ミ・ツ◎もくじ

第1章　ＡＫＢのシ・ク・ミ

代表する言葉

「ＡＫＢ」――それは西暦２０１０年代前半の日本にとっては、非常に重要なキーワードの一つだろう。ひょっとしたら、一番のキーワードかもしれない。文化系の分野ならば、間違いなく一番だろう。

（この本での「ＡＫＢ」という用語は基本的に、ＡＫＢ48本体だけでなく、ＳＫＥ48、ＮＭＢ48、ＨＫＴ48、乃木坂46など、系列グループすべてを指す）

　このＡＫＢという10代～20代の少女や女性たちの集団が、日本のエンターテイメントをそれこそ席巻してしまった。どこもかしこもＡＫＢ、そっちを見てもＡＫＢ、あっちを見てもＡＫＢ、そっちに行ってもＡＫＢ、あっちに行ってもＡＫＢ……ってな具合である。これは別に誇張表現ではないだろう。ＣＤ売上は毎回百万超え、テレビでも見ない日はない、雑誌のグラビアは独占状態。コンビニや本屋の雑誌コーナーは、まるで彼女たちの展示会の如くである。

　２０１６年あたりから、若干、勢いが止まりつつあるものの、それでも大きな存在であることは変わりないし、また、ＡＫＢ本体の勢いが止まっても、別動隊の乃木坂

AKB 48

46が目下大活躍中であるので、系列全体としては、相変わらずの強さと言ってよいだろう。

同じ系統

ところで、ＡＫＢは従来のアイドルやエンターテイメントといったものとまったく別の存在なのであろうか？

こう言われると意味が分からないかもしれないが、例えば、今現在、一般的に作られる音楽はポップスなどと呼ばれているが、これは数百年前のクラシックと呼ばれている音楽とは別に扱われており、ある種の区分けがなされている。

これのように、従来のアイドルやエンターテイメントとＡＫＢは別に扱うべきだろうか？　区分けをするべきであろうか？

答えは「否」であろう。

確かに、ＡＫＢは非常な強さを発揮しているが、今までとはまったく別種のものであるとは言い難い。実際に、やっていることは従来のアイドルとはさほど変わらないし、従来のエンターテイメントの枠内である。

近年、ボーカロイドと呼ばれている機材を使い、音楽を作ることが行われているが、これらは別種の文化であろう。従来とはまったく内容が異なる。おそらく、後世の人たちも、同じようには扱わず、クラシックとポップスのように、従来の文化と何らかの区分けをするものと思われる。

ボーカロイドと異なり、ＡＫＢは従来の文化体系に属する存在である。だが、その従来のものと同種のはずのＡＫＢが、近年稀に見る成果を挙げてしまった。

歴史上、スペインはインカやアステカなどの国々を滅ぼし、アメリカ大陸を征服していったが、インカやアステカの人たちにとって、スペイン人は「次元の異なる存在」であったはずだ。そして、その次元の異なる存在に圧倒されていった。

しかし、ＡＫＢは違う。彼女らは「同じ次元の存在」なのだ。だが、この「同じ次元の存在」であるはずのＡＫＢに、周囲は圧倒されてしまった。

なぜか？　何がそうさせているのだろうか？

平均点が高い

ＡＫＢのメンバーを見ていると、なるほど、上位メンバーほど、見せ方が上手く不自然な表情などがない。

また、ある意味で、「平均レベル」が高い。

こう書くと、メンバーの容姿の平均レベルが高いと受け取られそうだが、そうではない。ここで言いたいのは「同じ人物が、大きなハズレがなく、常に一定水準のアイドルとしての表現ができる」ということである。

近年は、グラビアなどは画像の修正ができるのであろうが、これはどのアイドルも同じである。

例えば、渡辺麻友さんは、非常に多くの雑誌のグラビアに出ていて、コンビニや書店の雑誌コーナーに行けば、多々見かけるのであるが、あれだけ出ているにもかかわらず、不思議に彼女のグラビアには大きなハズレがない。調子が悪い、写りが悪いというものがなかなかないのである。もちろん、彼女の容姿のタイプが見る側にとって、合う、合わないというのは考慮に入れない。あくまで、彼女の中で、どの程度の好調、不調という話である。そして、この傾向は他の上位メンバーにも言えることで、大きなハズレが少ないのが特徴だ。

この能力は非常に重要であろう。もし、この能力がなければ、出番が増えるに従って、失敗は増える。一発非常に良いものがあっても、その他がダメならば、人気が出るのは難しい。

だが、他のアイドルすべてがそのような能力を身につけているかと言えば、そういうわけではない。

ハロー！プロジェクトのユニットに、2017年6月に解散した℃-uteがあった。「℃-uteは過小評価されている」という意見は多々見かけた。自分も℃-uteは非常に良いとは思ったし、その割に知名度がなかったとも思う。

しかし、色々とグラビアなどを見ると、調子が悪い、写りが悪いと思われる画像が多かったのも気になった。ベストショットならば、メンバー全員がAKBの主力メンバーに引けをとらない。しかし、そのベストショットの確率が少なかったのだ。

℃-uteはルックスそのもの、ダンスの実力は非常に良く、もっと人気が出た可能性はあったと思うが、それを妨げた要素の一つがこの平均レベルではないかと思う。

型を練る

なぜAKBはこのような能力を身につけているのであろうか？　理由はいくつか考えられる。

まずは、「趣向がほとんど同じ」ということだ。

この趣向とは、正確に言えば「集団レベルでのそのグループの趣向」と「個人レベルでの髪型や雰囲気などの趣向」の二つに分けられる。

まず、集団レベルでの趣向であるが、ＡＫＢは趣向の傾向がほとんど同じである。言葉で表現するならば、「笑顔で可愛らしく」といったところか。これを様々なところで多用している。もちろん、全部が同じというわけではないのであるが、多様性はない。

ＡＫＢの曲に『ラブラドール・レトリバー』があるが、この曲のミュージックビデオは、グラビアでやっていることをそのままやっているだけ、と言っても過言ではあるまい。

ＡＫＢが単一的な趣向を行うのに対し、ハロプロは音楽のミュージックビデオにしても、多様な趣向を凝らしてくる。特に℃‐ｕｔｅは可愛いものからセクシーなものまで多様で、当人たちの技量もあって、見ていて非常に面白かった。

ＡＫＢの曲の一つに『ハロウィン・ナイト』がある。この曲のミュージックビデオは従来のＡＫＢの趣向とは一線を画しており、それによりファンからの批判が相当あったようだ。もっとも、一線を画しているとは言っても、ハロプロなどから見れば、たいしたことはないと思うのだが、それでも批判を受けることとなった。これはファンが慣れていないからであろう。もし、同じようなことをハロプロでやっても、まったく問題はなかったと思われる。

個人レベルでの趣向も同様である。髪型や雰囲気など、各メンバーがそれぞれのお得意のパターンを毎回どこでも同じようにやっている。

渡辺麻友さんはグラビアに多々出ているが、はっきり言えば、毎回やっていることは同じである。彼女はアイドルの王道のような雰囲気が持ち味であるが、それをグラビア、ミュージックビデオ、テレビその他でも同じように行っている。そして、この傾向は他のメンバーも同様だ。ＡＫＢは仮に変化をつけるとしても、大きな変化ではなく、小さな変化であり、全体像まで変えることはあまりない。

これに対し、ハロプロはミュージックビデオなどを見れば分かるが、髪型一つでも、相当に変化をつけてくる。

趣向が同じようであると、どうなるのであろうか？

それは、一つの趣向に対する習熟度が高めやすくなる。趣向の多様性は技や引き出しの多さにつながるので、一概に否定はできないが、多いと、一つひとつの習熟度は下がるのは確かだ。決め手となるものを育成するのは難しいだろう。

武道や武術には型と呼ばれるものがある。これは同じ動作を繰り返して、より動作を精妙にしていくのであるが、なぜ同じ動作を繰り返すのかというと、異なった動きだと違いが分からないからである。違いが分からないと、自分が上達しているのか分かりにくい。同じ動きであれば、前回との違いを把握することが容易なのだ。

ＡＫＢのメンバーたちは、偶然にも、武道や武術の型と同じことをやっているわけだ。そのため、ＡＫＢのメンバーはハロプロのメンバーと比べて、前回との見せ方の違いを把握するのが容易である。そして、当然、それを磨くのも容易である。

また、新規の趣向は当人たちにとって、「第三者からどのように見られている」ということが把握しにくい。初めての経験だからだ。そうであるので、この点においても、ＡＫＢのメンバーたちはハロプロのメンバーよりも、見られ方が把握できないという事態に直面する機会が少ないであろう。

向き不向き

また、色々と多様な趣向を凝らしても、当人に合うという保証はどこにもない。そのため、合わない趣向がなされてしまうということもある。

だが、一つの趣向パターンであれば、自分が得意なものを選んで、それを繰り返せばよいから、不得意なことをやる事態になることは少ない。

これはちょっと失礼な話かもしれないが、ハロプロに2015年に活動を停止したBerryz工房がある。このBerryz工房はルックス面ではあまり評判がよろしくなかったようである。もちろん、最終的には人それぞれの好みであるのだが、AKBのメンバーと投票合戦をやったら、勝てそうにはない。

だが、このBerryz工房のメンバーも「ベストショット」であったならば、全員すべからく可愛いのである。

もし、彼女たちがAKBのように、自分のベストショットを繰り返していたならば、ルックス面でもより高い評価を得ていただろう。言い方が非常に悪いと思うが、ある意味で、ハロプロの過剰演出の一番の被害者なのかもしれない。

ちなみに、他のハロプロのメンバーも同様で、明らかに当人に合わないと思われる髪型やメイクなどがなされていて、良くは見えないということはかなり起きている。

AKBのミュージックビデオをよく見てみると分かるのだが、ミュージックビデオでは、当然のことながら、衣装などは全員で合わせなければならない。しかし、髪型やメイクなどは各人で自由にできるから、そこは当人が普段やっているパターンと同

Berryz Kobo

じか、変化のあまりないものをやっているのが分かる。これにより、極力、当人と合わない趣向がなされるのを防いでいるのである。

組織の掟

次の理由は「風土」によるものであろう。

集団にはそれぞれのルールや価値観といった風土と呼べるものがあり、それがその集団の特色を生み出している。この風土にあった能力を身につけることが、構成員には期待されるし、また、その能力を身につけやすい環境にあると言える。

ＡＫＢの風土はまさに「笑顔で可愛らしく」といった感じであろう。

これに対し、ハロプロの風土は「ハイパフォーマンス」といった具合か。

ＡＫＢのメンバーは自撮りが上手いのが多いということを聞いたことがあるが、これなどはまさに、その風土にいるからその能力を身につけやすいという例であろう。

これに対し、ハロプロのメンバーは、ダンスの技量などはＡＫＢのメンバーよりも圧倒的に高い。これはそのような能力が求められるからであるし、実際に、そのための訓練はＡＫＢよりも重点的にやっていると思われる。

ネット上でのファンの種々の感想において、誰の歌が上手いとか、誰のダンスが上手いといった話は、ＡＫＢとハロプロの場合、ハロプロの方が相当に多い。これもファンがその風土の文脈の中で、語っているからそうなるのであろう。

また、近年、ルックス面で評判のいいグループと言えば、乃木坂46である。これも、元々ルックスのいいメンバーが集まったというよりも、風土によるものが大きいと思われる。

ＡＫＢがヤンキー高校で、乃木坂がお嬢様高校、などという話を聞いたことがある。これは言い得て妙であると思うが、これはまさに、それぞれの風土を表していると言えるだろう。

これに関することで、面白い動画があった。これは乃木坂の番組の一部分をネットにあげた動画で、内容は乃木坂では松井玲奈さんが一時期、ＳＫＥとの兼任をしていたが、その松井さんに対し、乃木坂に来て一番驚いたことは何かという質問をして、松井さんの回答を乃木坂のメンバーが当てるというものである。

その乃木坂メンバーの回答が「直前まで鏡チェック」というもので、その理由が、「ＳＫＥ48は直前までダンスの確認をしているはず、乃木坂46は直前までヘアチェックする子が多い」というものだった。

正解は食事に関することで、結果的に不正解であったのであるが、この乃木坂のメンバーの回答はまさに、風土の違いというものを彼女たちが感じ取って、それを答えにしているという例である。また、実際にそのような風土の違いがあるということでもあろう。

それぞれの美学

集団レベルでのＡＫＢとハロプロの趣向を比べると、対照的である。

ＡＫＢは、普段の日常生活っぽいものを基調としていて、言ってみれば、「自然な」感じがする。

これに対し、ハロプロは、別世界を表現するかのような、「作り上げる」といった感じがする。例えば、髪型などもより多く手を加えるのはハロプロである。飾るのはハロプロなのだ。

これは双方とも意識していないだろうが、ＡＫＢは「人物優先」で、ハロプロが「演出優先」であろう。

また、醸し出される女の子の雰囲気は、ＡＫＢが「普通の女の子」である。

これに対し、ハロプロは伝わってくる雰囲気がつかみにくいが、あえて言えば、ＡＫＢほどには「男には媚びない」という感じがする。

先にも書いた通り、ＡＫＢは趣向を変えないので、これらの趣向が大部分を占める。ハロプロは色々と趣向を凝らすので、この趣向が全部とは言えないだろうが（だから雰囲気がつかみにくいのだろうが）、これを中心として、その他にも色々なパターンを使ってくるというものだろう。

どこでも使える

ＡＫＢの趣向には、あるメリットが存在する。それは「使い勝手がいい」という点である。

ＡＫＢの趣向の基本は普通の女の子である。そうであるので、音楽だけでなく、グラビア、テレビとありとあらゆる場面で使える。

この使い勝手がいいというのは重要である。また、意外に難しい。

ハロプロの例えば、ガチガチに手を加えた髪型をグラビアで使おうと思っても、そうはいかないであろう。ももクロの「戦隊もの」的な趣向もあらゆる場面で使えるというわけではない。また、２０１５年くらいから知名度を上げてきたグループに仮面女子があるが、この仮面女子の「仮面を被る」という趣向も使い勝手は悪いだろう（メンバーの素顔は見られるかもしれないが、仮面を被るという趣向として）。

芸能界では、奇抜な方法で注目を集める方法が使われるが、短期間の成功で終わってしまうことが多い。使える場面が限定されるからだ。

使い勝手がいいとはどういうことなのか？　それは基礎能力が高いということである。

例えば、運動において、一つの種目に絞って実践すれば、その種目の技術を高めることによって向上ができるが、いくつもの種目を実践するとなれば、個別の技術はその種目でしか役に立たないから、俗に言う運動神経・体力と呼ばれるものが決定打となる。これは勉強も同様で、一つの科目ならば、個別の知識・思考法を高めることによって、向上が図れるが、いくつもの科目をやるとなれば、知能・論理的思考力といったものが、決め手となる。

ＡＫＢは個別の能力よりも、基礎能力を高めていると言えるのだ。実際に、女の子としての見せ方は、ダンスや特定の趣向への慣れよりも、使える場面は多いだろう。使い勝手が良ければ、様々な分野への進出は容易となる。また、前述したように、同じ趣向を繰り返していれば、それへの習熟度は高くなる。それは、色々な場面で、高いクオリティーのアイドルを出せることにつながるのである。

絶え間ない行列

次に考えられるのが、「握手会」である。

握手会と言えば、総選挙や劇場とともに、AKBの代名詞のような言葉だ。この握手会は握手券をCDとセット販売するので、批判も多いのであるが、別の視点から見ると、幾人ものファンと限りない数の接点を作る機会になっているのは事実である。特に、上位メンバーは合計何十万回以上の握手の経験があるのではないか？

毎回違う人間を数限りない回数で、喜ばせなければならない、これはテレビやグラビアやライブではできない経験である。これは当然、見せ方の向上につながるだろう。また、握手会はほとんど一日中、ファンの相手をしなければならない。ここで求められる能力は「一回のパーフェクトな応対」ではなく、まさに「平均的にレベルの高い応対」なのである。まさに、平均レベルを育成するにはもってこいの場であろう。

加えて、「直接的に」ファンの反応を見られることも良い点だろう。より正確に確認できるからだ。

鍛錬道場

こう考えると、ＡＫＢグループはアイドルの能力を鍛錬する道場にあると言える。

この道場で鍛えられているからこそ、見せ方の平均レベルが高いのだ。

もちろん、ハロプロも別の意味でのアイドルの能力を鍛錬する道場だ。

いってみれば、各々、種目が違う道場といったところか。

ただ、ＡＫＢはよく中身がないなどと言われるが、それは改めなければならない認識である。そうではなく、ある面から見ると、非常に高度な技術力を保有した集団である言った方がいいだろう。

そうであるからこそ、日本のアイドル業界を席巻できたのだ。

おねーさまたち

次に挙げられるＡＫＢの特色は「年齢層が高い」ということである。

ＡＫＢは実は、一般的なアイドルよりも年齢層が高い。特に主力のメンバーはそうである。

ＡＫＢの人気は総選挙が分かりやすいだろうから、総選挙を見てみよう。選抜メンバーと呼ばれる上位メンバーに10代のメンバーが何人いるかという点を見てみる。初期の総選挙では全員が若いため、比較にならず、また、２０１１年まではメディア選抜と選抜に分かれていて基準が異なるので、２０１２年を開始とし、また、年齢の計算は学年を基準に考えるものとする。

結論から言えば、10代のメンバーはほとんどいない。やはり20代が中心である。

ちなみに、田中秀臣氏の『ＡＫＢ48の経済学』によれば、それ以前の選挙でも、年齢が高い方が強いとのことである。

では、個別に見てみよう。

２０１２年の総選挙での選抜メンバーで10代の人は、渡辺麻友さん、松井珠理奈さんの２人しかいない。また、そのうちの１人の松井珠理奈さんは大人びて見える外見で、子供っぽい方ではない。

２０１３年は、松井珠理奈さん１人である。

２０１４年は、松井珠理奈さん、宮脇咲良さん、生駒里奈さんの３人である。また、宮脇咲良さんも松井珠理奈さんと同様、子供っぽい方ではない。

２０１５年は、松井珠理奈さん、宮脇咲良さんの２人である。

この選挙で、過去に選抜メンバーに加わっていたが、近年は加われていなかった北原里英さんが返り咲いたが、年齢は24歳である。

２０１６年は宮脇咲良さん、向井地美音さん、岡田奈々さん、高橋朱里さんである。

２０１７年は荻野由佳さん、本間日陽さんである。

松井珠理奈さん、宮脇咲良さんが毎年加わっているが、人数で言えば、10代は２０１２年から２０１７年までで合計９人だけである。ＡＫＢは去年あたりから若返りを図っているから、そのような意図のない２０１５年までなら、合計４人ということになる。

別動隊の乃木坂46の方であるが、こちらは総選挙はないが、四天王と呼べそうな西野七瀬さん、白石麻衣さん、既に卒業した橋本奈々未さん、松村沙友理さんは、全員が20代である。

また、「聖母」などと呼ばれ、既に卒業した深川麻衣さんも20代半ばであるが、主力メンバーとして活躍していた。

稀に10代から活躍できるメンバーはいるが、ほとんどの場合、ＡＫＢ系列の主力メンバーは20代である、彼女たちがＡＫＢ系列を牽引しているのだ。

一般的にアイドルと言うと、若い10代半ばから後半の女の子が連想され、それがふさわしいというイメージがあるが、近年では、実際にはもっと高年齢のアイドルが活躍しているという事実がある。

ＡＫＢは10代半ばから後半で加入し、修業しながらファンを増やしつつ、20歳前後で中心として活躍するというサイクルができていると言えるのだ。

年齢が高い方が活躍しやすいのはハロプロも同じである。

少し前の「モーニング娘。」では、89年生まれの道重さゆみさんが最年長であり、次に年齢が高いのが、94年生まれの飯窪春菜さんで、道重さんだけが一回り年齢が高かった。

だが、一番に知名度のあったのが道重さんであり、やはり、20代の高年齢のメンバーが牽引していたのである。

Ｂｅｒｒｙｚ工房は２０１５年に無期限活動停止をしたが、メンバーは20代前半ばかりである。これがＡＫＢならば、主力の年齢だ。これはちょっともったいなかったような気がする。

℃-ｕｔｅが注目を集め出したのも、メンバーが20歳前後くらいになってからである。℃-uteも解散したが、同じくもったいない気がする。AKBに合わせて考えると、まさに一番活躍できる年齢層であり、決して年をとったアイドルグループではない。

子供にはできない

この20代が中心であることのメリットは何であろうか？

これはやれることの選択肢が増えるということが挙げられる。

10代半ばというと、歌ならばともかく、バラエティーでは少々不十分なところがあるし、水着グラビアは人によるが、幼すぎて難しい点もあるだろう。

基本的にアイドルができると考えられることが、問題なく実行できるのが、10代後半から20代に入った年齢なのである。つまり、20代を中心に組むということは、できることの選択肢が増える、より正確に言えば、「できることに制限がかからない」ということなのである。

また、コアなファンならば別にして、一般的な30歳を過ぎた大人の男にとって、15～16歳の女の子はとっつきにくい場合が多い。だが、20歳前後ならば十分な年齢だ。

一昔前には30歳以上の大人がアイドルに夢中になるということはほとんどなかっただろうが、今の30代～40代はアイドルというものに慣れている。なので、この点で抵抗感がない。

また、この年代は10代～20代に比べ経済力があるので、多くの金額を使ってくれることも期待できる。

高齢化社会で若年層のウエイトは下がり、それ以外の年齢層はあがっている。ならば、これに対応せねばなるまい。

ハロプロは全般的に年齢層がＡＫＢよりも若いが、これは活動に制限がかかるという点で不利である。年齢層を上げるのは急務と思われる。

薄いライン

次にＡＫＢの組織編成について見ていこう。ＡＫＢの組織編成は「人数が多い」「グループの概念が希薄」という特色を持っている。

まず、人数が多いという点については、説明の必要はないだろう。ＡＫＢは系列全体で何百人という人数を抱えている。これはアイドル集団の中でもひと際多い人数だ。

もう一つの「グループの概念が希薄」ということはどういうことだろうか？

AKBはその系列の中で、AKB48、SKE48、NMB48、HKT48、乃木坂46……といくつものグループを抱えており、さらにその中で、チームA、チームK、チームB……と分かれている。

しかし、この区分けはあまり意味を成していない。実際に、CDを出す時や、グラビアに出る時に、このグループごとに出ているわけではないし、見る側も違和感なく見ている。

兼任といって、複数のグループに所属しているメンバーがいるが、これを正確に把握している人は少ないだろう。

また、時折、組閣なるものが行われているが、変わったのが誰で、元の所属がどこで、新しい所属がどこであるというのを正確に把握している人は、さらに少なくなるであろう。

比較的独立しているのは乃木坂であるが、こちらも一時期、SKEの松井玲奈さんが兼任していたし、「混ざり合うもの」では共演もしているので、完全に独立しているとは言い難い。また、一般的にもAKB系列の一員として解釈されている。

AKBはまず、「AKBブランド」というものがあり、その中で、薄い線として各グループが存在しているのだ。

何でもあり

では、この編成にはどのようなメリットがあるのだろうか。
ます、人数が多いと、必然的に多くのタイプのメンバーをそろえることが可能となる。そのため、好みのタイプの女の子に合う確率は高まり、結果、ＡＫＢファンを増やすことにつながる。

ＡＫＢにいるメンバーの中には、アニメなどが趣味の俗に言う「オタク」系の可愛い子が多く存在する。例えば、渡辺麻友さん、松井玲奈さん、生駒里奈さんなどである。実際にはもっといるだろう。これは自分の体感でしかないが、この可愛いオタク系のアイドルは「需要は多いが、その割に供給が少ない」ように思われる。つまり、美味しい市場なのだ。だが、この手のタイプの女の子はハロプロでは見られない。そのため、この市場はＡＫＢが強力なライバルなしに、供給しているという状態なのである。

他に人数が多いグループにＥ-ｇｉｒｌｓがある。Ｅ-ｇｉｒｌｓはアイドルと言っていいか微妙だが、少なくとも、「ギャル系」ばかりなので、人数が多い割に多様性には欠けるとは言える。

　ＡＫＢはあらゆるタイプの市場に対する供給能力がある。これは人数が多く、その利点を生かしているので可能なのだ。多様性という点では、ＡＫＢに勝るグループはないであろう。

好みは分かれる

　ここでまた総選挙を見てみよう。同じく２０１２年から２０１６年までで、1位、10位、20位の上位と、50位、60位の下位の票数を見てみる。２０１４年から公表する順位が64位から80位までに変わっているので、60位までを見てみる。

　２０１２年は1位が約10万８０００、10位は約４万２０００、20位が約1万９０００、50位で約６３００、60位で約５９００だ。

　２０１３年は1位が15万、10位が６万５０００、20位が3万３０００、50位が1万４０００、60位でも1万１０００で、1万票を切ることはない。

　２０１４年は1位が15万９０００、10位が4万８０００、20位が3万４０００、50

位が1万6000、60位が1万2000である。

2015年は1位が19万4000、10位が6万3000、20位が3万、50位が1万7000、60位が1万5000である。

2016年は1位が24万3000、10位が5万8000、20位が3万3000、50位が2万、60位が1万6000である。

2017年は1位が24万6000、10位が4万5000、20位が3万1000、50位が2万1000、60位が1万9000である。

このことから見ると、さすがに1位はかなりの票数を稼ぐが、50位や60位あたりでも、20位の3分の1から2分の1以上の票を稼ぐことができることが分かる。下位メンバーでも結構な票数を獲得できるのだ。

しかも、下位メンバーはテレビや雑誌などに出ることはほとんどないので、この点で非常に不利である。もし、まったく同じ条件、例えば、全員劇場公演のみという状況ならば、もっと差は縮まっただろう。

一見すると、上位陣ばかりに興味が集中しそうであるが、そうではない。ここでも、異性の好みは意外に分散するということが分かる。やはり、人数が多く、あらゆるタイプの女の子がそろっている方が、有利であると言えるのだ。

もう一つ面白いのが、票の増加率だ。

投票数は2012年が約138万票で、2017年が338万票である。なので、約2・4倍に増えている。

そして、順位ごとの票の増加率であるが、1位が約2・5倍、10位が年による変動が大きいが2017年ならば大体同じ、20位がこちらも変動が大きいが1・5倍、50位が約3倍、60位が同じく約3倍とそれぞれ増えている。

ここで分かるのは、下位の方が票の増加率が高いのである。つまり、AKBが有名になるにつれて、ファンを増やしているのは、下位の方なのだ。

つまり、年々、興味の分散という傾向はより強くなっているのである。

選んで使う

次に挙げられるAKBの組織編成のメリットが、「柔軟な編成ができる」という点である。

AKBは常にグループ全体で活動しているというわけではない。むしろ、そのようなことは事実上ない。これはその組織編成の特色から来ている。

まず、人数が多いため、全員同時に活動するのは不可能である。そのため、1人ないし複数が選ばれて使われる。

また、この際に、グループの概念が薄いため、グループに関係なく組み合わせて選ばれるようになっている。実際に、グラビアなどで、グループの垣根を越えて複数で出ていたりする。

AKBの人の使い方は、AKBブランドの中でメンバーをプールしておき、その中から、必要に応じて使うというものなのである。

この方法は、一般的なアイドルグループの「少人数」で「グループの概念が濃い」編成の場合、難しいものがある。この編成の場合、グループ全体で使うか、または、その中の1人を使うという形になる。一部分だけを使うというものはあまりない。5、6人くらいのグループならば、時々2、3人というのはあるかもしれないが、5人のうち4人を使うなどということは、極めて難しい。また、グループをまたいで使うというのは、時々はあるかもしれないが、多用はできない。

つまり、AKBの編成は一般的なアイドルグループの編成に比べて、人の起用に柔軟性があるのだ。

これはAKBの主戦場であるグラビアでよく分かることなのだが、通常のグラビアアイドルは複数で出ることも多いが、有名になるに従って、1人で出ることが多くなる。つまり、基本は1人なのだ。しかし、ＡＫＢの場合、有名になっても、複数で出ることが多い。これはＡＫＢの編成の基本がみてとれる現象である。

この編成は使う側にとってメリットは大きい。なぜならば、使いたいメンバーを自由に選んで使えるからだ。また、使われる側にもメリットが大きい。これは向いているメンバーにやらせて、向かないメンバーにはやらせる必要がないからだ。

これに対し、一般的な編成の場合、使う側は使いたくないメンバーも含めて使わなくてはならないし、使われる側は、向かないメンバーにもやらせなくてはならない。メンバーの柔軟な使い方ができないのだ。

ちなみに、芸能界の他の一大勢力にジャニーズがある。ジャニーズは一般的なアイドルグループと同様の編成で、グループの概念が薄いわけではないが、個別の活動を充実させている。これはこれで、一つの手だろう。

段階的な評価

メンバーの評価という点でも、ＡＫＢの編成は優位点がある。これは「段階的な評価ができる」からである。

少人数のグループの場合、グループとしての活動は全員参加が原則である。なので、人気がなくなったからと言っても、そのメンバーを出さないというわけにはいかない。かといって、辞めさせるというのもかなりハードルが高いものがある。一般的なアイドルグループの編成だと、だれがセンターにくる、などの微差はつけられるが、どうしても、「いるかいないか」という二者択一的な評価になりやすい。

これに対し、ＡＫＢの編成の場合、人気がなくなったら、なくなった分だけ出番は減り、逆に人気がでれば、出た分だけ出番は増えるという段階的な評価を下すことが可能なのだ。

また、あまり表舞台に出てこないメンバーでも、彼女たちが不必要なのかというと、そうではない。前述のように、総選挙においても、下位メンバーでも2万くらいの票数を獲得することができる。ＣＤに付属された投票券以外の票を考慮しても、何人か集めれば、ＣＤ数万枚くらいの売上に匹敵するのである。ＣＤ数万枚と言えば、近年では、結構な売上であろう。

卒業の要件

段階的な評価が可能であるため、辞める、辞めないといった「卒業」に関することも、ＡＫＢの編成は優位点がある。

前述のように、一般的なアイドルグループの編成であると、卒業させるのはハードルが高い。それは「人数が少ないため、各人が目立つ」からだ。そのため、卒業には慎重にならざるを得ない。

だが、ＡＫＢの編成だと、「人数が多く、各人の存在感は相対的に低下する」ので、卒業に関するリスクも相対的に低下する。

人気があったまま卒業しても、リスクは通常の編成よりも少ないが、人気が落ちて卒業という形になると、さらに存在感が低下しているので、リスクは一段と少ない。

加えて、卒業させるのは難しくても、いざ人気が落ちた段階になってしまうと、実際に卒業しなければならない可能性も、一般的な編成のグループの方が高い。「所属はしているが、出番は少ない」という状態が難しいからだ。

これに対し、ＡＫＢの編成ならば、人気が落ちて出番が減っても、所属だけすることが可能であるので、卒業をしなくてもいいという状況ができるのである。

つまり、一般的なアイドルグループの編成だと、「卒業はリスクが高いが、それを行わなくてはならない状況には見舞われやすい」が、ＡＫＢの編成だと、「卒業のリスクは低く、その上、それを行わなくてはならない状況には見舞われにくい」というわけである。

このため、ＡＫＢでは返り咲きも可能である。北原里英さんは前述のように、一度選抜に入ったが近年は加われず、２０１５年に再度復活したが、これが一般的なアイドルグループであったらば、卒業させられていた可能性が高いであろう。

受験の難度

卒業だけでなく、入学、つまり、新規のメンバーの追加もやりやすい。

新規メンバーの追加は、一般的な少人数・グループの概念が濃い編成でもできるのであるが、「人数が少ないので最初から目立つ」「出番は減らせないが、容易には辞めさせられない」という理由で、慎重に行わなければならない。

だが、ＡＫＢの編成ならば、「最初からは目立たない」「辞めさせなくても、出番は減らせる」という理由で、追加投入の難度は著しく下がる。

これにより、組織の新陳代謝もより多く行えるのである。

お局様の扱い

年の離れたメンバーが所属しやすいのも、ＡＫＢの編成の方である。

少人数のグループで年が離れていると、どうしても悪い意味で目立ってしまうので、卒業させなくてはならないという状況になりやすい。

しかし、ＡＫＢのように大人数だと、目立たないし、高年齢のメンバーも幾人かはいるという状況になりやすいので、「年が離れたメンバー」という存在そのものがそもそも成立しにくい。これにより、高年齢のメンバーも所属することが容易であるのだ。

年が離れたメンバーは、そのメンバーなりにできることがあるので、これは選択肢の増加につながる。加えて、ＡＫＢの編成は柔軟にメンバーを使えるので、その特性を十分に生かすことができる。既に卒業した小嶋陽菜さんは艶なグラビアなどで登場することがあったが、これは、彼女の特性を十分に生かせる編成だからできるのだ。

結果は見えない

また、メンバーの予想外の成長にも対処しやすい。あまり人気がなかったメンバーの人気が出てきたり、想定していなかった成長を遂げたりすることもある。

これに対しても、この編成ならば、柔軟に対処することができる。出番を増やすということを行うだけでいいからだ。

これはＡＫＢのプロデューサーの秋元康氏も、田原総一朗氏との対談本である『ＡＫＢの戦略！　秋元康の仕事術』の中でやはり、「全然ノーマークだったのに、こんなに伸びるのか、こんなに人気が出るのかと、いい意味ではずれることもよくある。結局、わからないですね」と言っている。

同書によると、秋元氏は「完成された女の子」はオーディションで落とすそうである。人気メンバーであった篠田麻里子さんは、この「完成されている」という理由でオーディションに落ちて、劇場のカフェで働いているところで人気が出て、ＡＫＢに加わったそうであるが、これなどはまさにアイドルの人気の予測の難しさを表している。

また、柏木由紀さんと指原莉乃さんはハロプロのオーディションに落ちたそうだが、その後にAKBでトップアイドルとなっている。

そのハロプロにしたって、「モーニング娘。」はオーディション落選者を集めて作っているし、また、ハロー！プロジェクト・キッズと呼ばれるハロプロの子供たちから選抜されたのがBerryz工房で、その落選者たちで作ったのが℃-uteである。だが、最終的に人気があったのは℃-uteの方で、ダンスなどのレベルも℃-uteの方が上だったであろう。また、その℃-uteにしても、当初から今のようなハイパフォーマンスの精鋭部隊的なコンセプトで作られたわけではなかったはずだ。

やはり、人物鑑定というものはアイドルに限らず、本質的に難しいのであろう。歴史、例えば、三国志などを見ても、その手の話はよく出てくるものだ。

これはおそらく、他のアイドル関係の方も感じているであろう。だが、これをどう実際の運用に反映させるのかが問題なのである。前述のように、一般的な少人数でグループの概念が濃い編成の場合、柔軟に人を使うことができない。このため、現実的に予測が外れた時への対処が難しい。

ハロプロは中学生くらいからデビューさせているので、むしろAKBより柔軟性が必要である。だが、ハロプロ式の編成では、柔軟性が確保できないのだ。

しかし、これを解決したのが、ＡＫＢの編成であるのである。個人の出番の調整によって、これを行うことができるのだ。

有効利用

曲を有効利用できるのも特色の一つである。

近年の音楽文化では、基本的にアーティストやグループと曲は一体化していて、そのアーティストなりグループなりは、基本的に「自分の持ち曲」しか歌わない。逆に、他のアーティストやグループに自身の持ち曲を歌われることもほとんどない。例外はあるが、少なくとも、コンサートなりライブなりで、自分の曲以外の曲が半数以上を占めているということはまずないだろう。

ＡＫＢが曲をＣＤで出したとしても、実際には一部メンバーしか歌ってはいない。しかし、同じＡＫＢ、ＳＫＥ、乃木坂……に所属していれば、残りのメンバーも同じグループの一員として歌うことが可能である。

これは効率的な曲の利用の仕方だ。特に劇場などで何度も曲を使用するとなると、いちいち曲を作るのは非効率的であろうから、同一グループとして、既存の曲を使用できるようにすることは重要だ。

ある意味で、ＡＫＢの編成によって、曲の使用の正統性や大義名分が与えられているのである。

ちなみに、これはハロプロの「モー娘。」も同様のメリットを持っている。彼女らも同グループとして、過去の曲の使用の大義名分を与えられているのだ。

危機管理

さらに、ＡＫＢの編成はトラブルにも強い。

アイドルのトラブルというと、異性スキャンダル、本人や親族の違法行為などがあるが、ＡＫＢは実際、かなりのトラブルに見舞われている。

異性スキャンダルでは人気メンバーだけでちょっと挙げてみても、柏木由紀さん、指原莉乃さん、板野友美さん、峯岸みなみさん、渡辺美優紀さん、秋元才加さん、松村沙友理さん、衛藤美彩さんなどがある。特に、峯岸みなみさんは坊主頭にして、賛否両論、世間を騒がしたりした。また、未成年者の飲酒なども時に報じられ、変わったものでは、河西智美さんの写真集の問題、渡辺麻友さんのインスタグラムでの画像の流失などもある。

トラブルに見舞われたアイドルは、程度にもよるが、しばらくの間、活動が停滞する。

そして、トラブルが発生した際に、一般的な少人数でグループの概念が濃い形で活動する場合、グループそのもののイメージダウンにつながったり、活動が停滞したりしてしまう可能性がある。

しかし、ＡＫＢの編成だと、人数が多すぎて、よほどのことがない限りＡＫＢブランドに傷つくことはほんとない。

加えて、トラブルを起こした当人の活動が停滞しても、他のメンバーを上げればいいだけであって、その他には何も影響がないのである。

指原莉乃さんが、異性スキャンダルにより、ＨＫＴへ左遷という不思議な処置が行われたが、これもＡＫＢの柔軟な編成があってこそできる芸当だ。

ＡＫＢは危機管理にも仕組み上、強いのである。

鉄の絆

ここまでで、ＡＫＢの組織編成のメリットを書いてきたが、逆に、デメリットは何であろうか？

これはやはり、メンバーが固定していないので、集団での高度なパフォーマンスには向いていないということであろう。

なので、例えば、℃‐ｕｔｅは高度なライブパフォーマンス能力が評価されていたが、このようなことをＡＫＢに期待するのは無理である。

基本的にメリットとデメリットは表裏一体であるから、これはどうしようもない。完璧な組織編成などというものは存在しないから、これは受け入れるしかないだろう。

三つの階層

ＡＫＢ48は一応、グループ名であるが、実際には、大きな「ＡＫＢブランド」が存在し、その中で、ＡＫＢ48、ＳＫＥ48、ＮＭＢ48、ＨＫＴ48、乃木坂46……などのグループが存在している。さらに言えば、その中でチームA、チームK、チームB……と小さなグループに分かれている。そして、それぞれのグループに各メンバーが所属している。

ハロプロで言えば、「ハロー!プロジェクト」がブランド、「モーニング娘。」「アンジュルム」……がグループで、それぞれに各メンバーがいる。

つまり、近年の大規模アイドル集団は「ブランド」「グループ」「個人」という構成であると言える。

ブランドの役割

これらの個別の特徴はどのようなものであろうか?

まず、実際の運用においては、ブランドはこれを単位として動くことはあまりない。実際に動きの単位となるのはグループと個人である。もちろん、これはそれぞれの集団により事情は異なる。

ブランドの役割は「薄く広く知名度を上げる」というものだ。

これをもっと詳細に説明しよう。ブランドはそのブランド名でもって、知名度を上げるのであるが、これはある種の概念を作り上げて、それを個別のものとくっつけて、その個別のものの認知度を高めるものといえる。

ＡＫＢの場合、ＡＫＢブランドという概念を作り上げて、それを各グループと各個人とくっつけて、それぞれの知名度を高めているのである。

で、この際に、人々は何を基準にブランドを認知しているのであろうか？　それは「関連性」や「共通点」である。

これは工業製品が分かりやすいが、例えば、ソニー製品ならば、ソニーブランドによって知名度があるのであるが、この際に、人々は各製品を「ソニーが作ったもの」として認知している。そして、それがブランドになるのだ。

つまり、ブランドとは「共通点・関連性の強調」である。それを強調して、知名度を高めているのだ。

ＡＫＢで新規のグループを立ち上げる場合、ＡＫＢブランドによって、既に知名度がある状態でスタートができるのであるが、これは「ＡＫＢと共通のシステムのグループである」という点を強調して、知名度を高めているのである。

また、ブランドは個別のものと結びついているため、個別のものの評価が上がれば、自動的にブランド名が上がり、ブランド名が上がることにより、その他の個別のもの良く見てもらえるという「波及効果」のような性質がある。

ただ、悪い評価が下ると、同じく波及効果により、ブランドと他の個別のものに悪いイメージが付着してしまう場合があるから、いいことばかりではない。

ＡＫＢの場合、個別のメンバーの評価が上がれば、波及効果により、ＡＫＢブランドの評価が上がり、それとともに、他のメンバーの評価も上がるというわけである。

もちろん、逆のパターンもある。

このように、ブランドは非常に重要な要因であるため、よく、「ブランド力を高める」というようなことが言われる。これに対する方法は色々なものがある。

まず、一つに宣伝のようなものをして、「認知している人の数を増やす」というものがある。

次に、イメージを良くする。つまり、「認知の内容を良くする」というものもある。その逆が、イメージが悪くなる。つまり、「認知の内容が悪くなる」というわけだ。

そして、ここで書いていることと結びつければ、「共通点・関連性を増やす」という方法もある。つまり、「認知しやすくする」のだ。工業製品などでも、色や形など、同じようなデザインであると、同じブランドであるという認知はしやすくなる。共通点を増やせば、覚えやすくなるのだ。また、製品にロゴをつけて、その会社の製品であることを示すことをよくやるが、これは共通点・関連性を増やす行為であると言えるだろう。

ただ、逆に言うと、共通点を増やすと多様性はなくなるから、その点においては、不利に働く。メリットとデメリットは表裏一体であるのだ、

グループの役割

次にグループであるが、これはまず、実際の動きの単位となることが多い。

そして、アイドルの分野でのグループの使われ方であるが、これは「音楽」において、この単位で動くことが多い。テレビ番組やグラビアにおいて、グループ単位で出演することも多いのは事実である。だが、それでも、アイドルにおけるグループというものは、基本的に音楽活動における単位である。

グループで活動しているアイドルが1人でCDを出したりすると、「ソロ活動」などと呼ばれたりして、特別視されることが多い。一方、テレビや雑誌のグラビアに1人で出ても、そのような呼ばれ方をすることは少ないし、特別視もあまりされない。

これはアイドルグループとは、基本的に音楽の活動単位であるということを示してい

る。

もう一つの特徴が、「グループに対するファン」というものが付くということである。

ブランドに対しても、ファンがつくという要素は確かにある。しかし、グループはそれ以上で、この点で固定客をつかみやすい単位であるのだ。

個人の役割

最後に個人であるが、これも実際の活動の単位となる。

ただ、これはグループとは反対で、アイドルの分野においては、「音楽以外」においての活動が主となる。

また、この個人に対しても、「その個人に対するファン」というものがつく。これは単純な数で言えば、ブランドやグループ以上に多いであろう。

ブランド対決

これら三つの階層において、AKBとハロプロを比較してみよう。

まず、ブランドであるが、これはAKBの方がブランド力は高いと言える。AKBはAKBブランドを上手く確立しているが、詳細は後述する。

ハロプロの場合、そもそも、「ハロー!プロジェクト」という名前そのものを知らない人が多い。どうしても、「モーニング娘。」「アンジュルム」などの個々のグループ名が前に出てくる。

これは非常に損をしていると思う。ブランド名が一般的に知られていれば、波及効果により、個別のグループないし、メンバーの活動の成果が、他のグループやメンバーに影響を及ぼす。℃-uteは高度なライブパフォーマンスで知られていたが、ハロプロブランドが確立されていないので、これを他に波及させることができなかった。もちろん、℃-uteの側も他のグループや個人の活動の効果を受け取ることができなかった。

一方で、AKBは非常に強固なブランドが確立されているので、AKBの知名度で新人でも知ってもらいやすくなるし、個別の活動の効果が、他にどんどん波及されることになる。1人で1人以上の効果を得ることができるのだ。

使われない名前

では、なぜハロプロはブランド力でAKBに劣るのか？

まず、単純にハロプロが「ハロー！プロジェクト」の名前を使わないからである。

当然、使わなければ、それが知られることもない。

例えば、雑誌のグラビアにハロプロのメンバーが出る時、「どこのグループの誰」という形で、紹介の文章が書かれていることが多い。この場合、グループ名は認知されるが、ブランド名は認知されない。これではブランド名は広まらない。

プロデューサーの名前

次に、ハロプロはハロー！プロジェクトという名前よりも、プロデューサーであるつんく♂氏の名前と結びついて見られていることが多いという点である。

事実上、ハロプロは「つんく♂ブランド」がメインブランドで、「ハロー！プロジェクトブランド」がサブブランドのようになっている。前述したが、実際に、ハロー！プロジェクトという名称は知らない人が意外に多い。

ＡＫＢの側も、プロデューサーの秋元氏の名前と結びついて見られているという点はある。だが、ＡＫＢは、あくまでメインブランドが「ＡＫＢブランド」で、サブブランドが「秋元ブランド」だ。

しかも、つんく♂氏は２０１０年前後から、あまり目立たなくなっているので、その頃からは、ハロプロは事実上、ブランドの力なしでやっているという状態であろう。

ちなみに、他にプロデューサー名をブランド名として成功した例に、小室哲哉氏の「小室ブランド」がある。１９９０年代後半の音楽の分野のブランド方策では、最も成功した例と言っていいだろう。実際に、この頃は、小室氏の作った曲はすべてすばらしいというような雰囲気すらあった。日本全体が小室ブランドにハマっていたのである。

強固な鎖

先に、ブランドは「共通点・関連性の強調」と書いた。そうであるので、ブランドは共通点・関連性が多い方が、認知されやすい。

ＡＫＢ系列の各グループは、多くの共通点を抱えている。大人数というグループの構成がそうであるし、その中で上位メンバーが主にメディアに出てくるというメンバーの起用法もそうである。また、グループ名そのものが「地名に由来するアルファベットや地名そのものと数字」という形で統一されているので、非常に分かりやすい。

これに対し、ハロプロの各グループはあまり共通点がなく、一般的なアイドルグループが複数集まっているという形でしか認識されない。

一応、「こぶしファクトリー」と「つばきファクトリー」が同じ「ファクトリー」という共通点を持ってはいる。だが、２グループだけでは効果は限られてしまう。また、この「ファクトリー」はＢｅｒｒｙｚ工房の精神を継ぐという意味があるため、工房の英訳であるファクトリーを使っているそうであるが、知らない人にはまず、理解できないであろう。

ここが重要である。

ＡＫＢの各グループは非常に分かりやすい共通点を多く持つため、人々にブランドを認知してもらいやすい。これに対し、ハロプロは各グループの共通点が少ないため、人々がブランドを認知しづらいのである。

その他に、エイベックスやスターダストプロモーションも同じように、アイドルグループをいくつか抱えている。

だが、こちらも、ハロプロと同じように共通点が少ないため、人々が同一系列上にあることを認知しにくい。そのため、「エイベックス」という名前も、「スターダストプロモーション」という名前も比較的知名度があるのに、各グループのブランドとして機能しないのである。

特に、スターダストプロモーションの「私立恵比寿中学」「チームしゃちほこ」「たこやきレインボー」はももクロの姉妹グループとのことだが、この関係は実際にどこかで聞くか、見るかしないと、まず、知ることはないだろう。ＡＫＢグループがチーム名だけで同一ブランドの元にあることが一目瞭然であるのと対照的である。

これに対し、ジャニーズはグループ名の共通点はないものの、なんとなくジャニーズ系であるという雰囲気を各メンバーが共通点として持っている。そして、それが

「ジャニーズ系」というものを認知しやすくしている。

ゲームなどでは強引にくっつけてしまうという方法が使われている。例えば、ドラゴンクエストやファイナルファンタジーなどは非常に強力なブランド力を持ったタイトルであるが、2、3、4……などのナンバリングタイトルと呼ばれている正規の続編以外にも、外伝的なタイトル「ドラゴンクエストモンスターズ」や「ファイナルファンタジータクティクス」などのタイトルが存在する。これなどは、既存の売れているブランドに強引にくっつけて関心を誘うやり方だろう。

もっとも、この場合でも、出てくるキャラクター、呪文、世界観などで、ある程度の共通性がないと成立させることができない。

個別のものを鎖でつないでしまえば、より大きなものに見えてしまう。視覚のマジックのようなものであろうか。

AKBが日本のアイドル界を席巻できた要因の一つが、ここで説明したAKBブランドの構築である。そのブランド構築の成功の要因が、多くの共通点や関連性を各グループで持たせ、ブランドの認知されやすさを大幅に高めたことである。そして、そのブランドが、AKBに強力な知名度、強力な波及効果をもたらし、多くのメンバーを様々なところに送り込むことを可能にした。このAKBブランドの構築は、AKB

の強さの秘密を語る上で、非常に重要な項目の一つであろう。

国の名前で出ています

話が少し変わるが、ブランドの特殊な例として挙げられるのが、韓国系のアイドルたちである。彼らは「Ｋ－ＰＯＰ」「韓流」など、国の名前がある種のブランドとして機能している。これは『冬のソナタ』などの韓国ドラマにより下地が作られ、それを基盤にして作られたブランドだ。

この、国がブランドとして機能するというやり方は、上手いやり方だろう。特に頼れるブランドがないアイドルたちにとっては、ありがたい援護射撃である。

また、言い方が悪いが、ブランドは無理やり作り出せるという実例でもある。

ここでも着目したいのが、韓国系のアイドルたちを見ると、やはり、ある種の共通点のようなものがあり、それが認知されやすい要因となっているという点である。例えば、女性アイドルならば、スタイルが良くダンスが上手いなど、男性アイドルも説明し難いが、なんとなく韓国系だと分かる雰囲気がある。これも、共通点や関連性の強調による認知されやすさの向上だ。

この手法は日本の作品を海外に展開する際に、非常に参考になるものであろう。国名がブランドになる、また、日本の作品の間で、何か共通点があれば認知しやくなる、これは参考にしたいものである。

グループ対決

次にグループについての比較である。

グループについては、双方の仕組みがまるで違うから、比較しづらいのであるが、少なくとも、ハロプロは下手ではなかろう。これは、紆余曲折あっても、モー娘を約20年存続させているという事実があるし、℃-uteをハイパフォーマンス集団に育て上げた実績もある。Berryz工房もなんだかんだ言っても、10年以上続いた。

さらに、「シャッフルユニット」「派生ユニット」などと呼ばれている副次的グループの使い方も上手い。

AKBも副次的グループはやっている。調べてみると、意外に多くの副次的グループがあることに気づく。「ノースリーブス」「Not yet」「渡り廊下走り隊7」「D・iVA」「フレンチ・キス」などである。しかし、これらは本体と比べると、大きく知名度に劣る。まったく知らない人も多いだろう。

これに対し、ハロプロの全盛期の頃の副次的グループは本体並みの知名度を持っていた。「プッチモニ」は有名だし、メンバー入れ替えのシャッフルユニットをやっていることも皆が知っていた。

では、なぜハロプロの副次的ユニットは本体並みの知名度を持ち、ＡＫＢはそうではないのか？

それは、グループは音楽に使われるのがメインであるから、音楽と密接な関係がある。このため、音楽の割合が多いハロプロの方が目立つことになるからだ
副次的ユニットの運用のノウハウなども、ハロプロの方が上であろう。

これは主観の割合が非常に強いが、ハロプロの副次的ユニットに「ＨＩ-ＦＩＮ」がある。このＨＩ-ＦＩＮが歌っているのが『海岸清掃男子』という曲なのであるが、この曲、一言で言えば、面白みのある曲である。このような曲を通常のグループで、奇として使うのもいいかもしれないが、長期的に使うことが前提になっていない副次的グループにやらせるのも一案である。

副次的ユニットは臨時に作るものだから、「普段と違うことをやらせる」ことが常道であろう。

２０１２年にも、℃‐ｕｔｅとＢｅｒｒｙｚ工房を組み合わせて、『超ＨＡＰＰＹ ＳＯＮＧ』というものをやっている。これは℃‐ｕｔｅの『幸せの途中』とＢｅｒｒｙｚ工房の『Ｂｅｃａｕｓｅ ｈａｐｐｉｎｅｓｓ』という二つの曲を同時に再生すると、この『超ＨＡＰＰＹ ＳＯＮＧ』ができるという奇抜なもので、まさに、副次的ユニットの常道をいっているものである。

逆に、ＡＫＢだが、例えば、「フレンチ・キス」のキャッチフレーズは「親に紹介したい３人組」とのことであるが、このコンセプトはＡＫＢ本体と被る、さして変わらないと言っていい。これでは、副次的ユニットの存在感は高まらない。

どうも、ハロプロはグループで何かを表現するということに長けているようだ。

また、グループに対するファンというのも、ハロプロの方が多いだろう。実際に、「℃‐ｕｔｅが好き」などの、グループに対する肯定的評価はよく聞かれるものである。

ＡＫＢの場合、ＡＫＢ・ＳＫＥ……それぞれのグループそのものに対するファンというのは、思ったよりも少ないと思われる。実際に、個別グループの「ＡＫＢ・ＳＫＥ……が好き」という話はあまり聞かない。ＡＫＢの場合、個別メンバーのファンというものが主体であろう。

個人対決

最後は個人の比較である。

これは説明するまでもなく、ＡＫＢの勝ちであろう。ＡＫＢの個別のメンバーの活躍はハロプロの比ではない。この個人レベルでのメンバーの使い方は、ブランドと同じくらいのＡＫＢの武器である。

この上手さの違いは、組織編成から来ている。前述のように、ＡＫＢの組織編成は各メンバーをバラで使いやすいようにできている。このため、個人が別々に活動しやすい。一方で、ハロプロを含む一般的なアイドルグループはグループの概念が濃いため、どうしても、個人で活動しにくくなってしまうのだ。

また、ＡＫＢはグループに対するファンというものが少ない代わりに、個人に対するファンが多い。

「推しメン」という言葉がある。これは好きなメンバーを意味した言葉であるが、この言葉自体はかなり前から存在したようである。だが、世間一般に広まったのは、ＡＫＢの活躍によるものだ。これはＡＫＢのシステムが、個別のメンバーを応援していくという要素が非常に強く、世間にそれを知らしめたからである。

サブメンバーの使い方

この個人の使い方について、もう少し掘り下げてみる。

ＡＫＢは個人の使い方が上手いのであるが、特に他と差が出ているのが、「サブメンバーの使い方」である。

アイドルグループはどのグループにおいても、メンバーの人気にある程度の差があって、メインメンバーと呼べそうな、人気があり、知名度のあるメンバーがいて、それ以外のサブメンバーがいるというものになっている。

ＡＫＢ以外のアイドルグループでも、メインメンバーであったなら、既に卒業したメンバーを含めて比較的知名度があったりすることも多い。例えば、ハロプロならば、道重さゆみさん、鈴木愛理さん、嗣永桃子さん、アイドリング!!!の菊地亜美さん、９ｎｉｎｅの川島海荷さん、ｂｕｍｐ．ｙの桜庭ななみさん、ＳＵＰＥＲ☆ＧｉＲＬＳの浅川梨奈さんなどである。

しかし、それはメインメンバーだけであって、サブメンバーとなると、知名度や活動の場ともに、大きく低下してしまう。

だが、AKBの場合、このサブメンバーの使い方が上手いのである。

例えば、入山杏奈さんなどが良い例である。入山さんは総選挙では、2013年が30位、2014年が20位と、メインメンバーと呼ぶには今一歩足りないところがある。

しかし、入山さんは順位の割にはグラビアで見かけるし、また、ピーチジョンで下着のモデルもやっている。ピーチジョンには小嶋陽菜さんや大島優子さんや河西智美さんもやっているから、主力メンバーを投入していることが分かる。入山さんは美人系だから、これらには向いているだろう。

入山さんは2015年の総選挙は不参加であった。入山さんは票が多く取れるタイプではないが、使いどころによっては非常に使えるメンバーであるので、こうしたのだと思われる。当人の判断なのか、周りの判断なのか分からないが、賢明な判断であろう。

これに対し、ハロプロはサブメンバーが上手く使えていない。

例えば、℃-uteの中島早貴さんである。中島さんは芸歴が長いのであるが、中・高校生くらいの年齢では可愛らしく、20歳くらいからは美人という具合に、外見では良いものを持っていると思うのだが、それほどには見かけない。もっとグラビアなどに進出することは可能であったように見える。ＡＫＢならば、もっと起用されていたのではないか？

ちなみに、この中島さんは、画像などを実際に見てもらえば分かるが、髪型などによって、１８０度見栄えが変わってしまう方である。美人にもなれば、ブスにもなるのだ。だから、ハロプロの多趣向よりも、ＡＫＢの単趣向の方が合ったと思われる。ただ、一方で、中島さんはダンス能力がずば抜けて高かったから、この点では、ハロプロに合っていたとも言える。最終的にどっちが良かったのかは、分からない。

ＡＫＢはメンバーを良く使いこなしているので、活動量が多く、世間に対するアピールが続きやすい。他のアイドルグループでも、メインメンバーの活動により、アピールの第一波は存在している。しかし、二波三波が続かない。皆に知ってもらうには、続けて活動しなくてはならない。そのためには、メインメンバーだけでなく、サブメンバーにも活躍してもらわなくてはならない。二波三波と攻勢を続けなくてはならないのだ。

すべてを備える

以上、三つの階層を見てきたが、この「ブランド」「グループ」「個人」すべての運用が上手い集団が存在する。

それはジャニーズである。

ジャニーズブランド、個別のグループ名、各個人と、すべての知名度が日本中に浸透している。芸能界を席巻できたのもうなずけるというものである。

もし、ジャニーズと同等の力を持ち、ＡＫＢのようにグループの概念が薄く、大人数の男性アイドル集団がいたらどうであっただろうか？　その場合は、ジャニーズは苦境に陥っていたと思われる。だが、実際には存在しない。これは、ジャニーズにとっての幸運であっただろう。

様々なところへ

次は、ＡＫＢの活動の分野についてである。

ＡＫＢと言えば、ＣＤが売れない音楽不況のこの時期に、ミリオンセラーを連発し、売上ランキングの上位を独占しているが、かといって、音楽ばかりがＡＫＢの活動分野というわけではない。冒頭でも書いたが、コンビニと本屋を展示会状態にしたグラビア、他にもバラエティーなど、多分野に進出している。

これに対し、ハロプロの場合は、明らかに音楽偏重である。例えば、全盛期の「モー娘。」の実績と言えば、『ＬＯＶＥマシーン』『恋のダンスサイト』など、音楽ＣＤの販売である。また、その後の「モー娘。」、他のグループにおいても、主たる活動の場は音楽であり、これはハロプロの伝統と言えるだろう。

ももクロなども音楽が主体であり、ＡＫＢは近年では珍しいくらいに多分野に展開している。

ＡＫＢが多分野での展開が可能となった要因にも、組織編成が大きく寄与している。活動に必要な人数というのは、分野や状況により、大きく異なる。通常のアイドルグループの編成だと、これに対して融通があまり利かないが、ＡＫＢの場合、人数の調整は自在であるので、融通が利きやすい。このため、あらゆる分野に対しての適応能力があるのだ。

加えて、ＡＫＢは演出・趣向には使い勝手の良さがある。それにより、各メンバーをそのままどこでも使えるという利点がある。これも要因の一つだ。

これらの点により、AKBはアイドル史上最も「多分野展開能力」があるアイドル集団であると言っていいだろう。

それぞれの人事

AKBは多分野に展開しているため、メンバーの評価というか位置づけも他のグループとは異なるものになっている。

ハロプロや一般的なアイドルグループの場合、「エース」と呼ばれる主力級のメンバーがいて、その周囲にその他のメンバーがいるというものになっている。

Berryz工房に『WANT!』という曲がある。一言で言えば、大人っぽい雰囲気の曲で、ミュージックビデオもそのような雰囲気なのであるが、この曲のセンターは嗣永桃子さんなのである。嗣永さんはBerryz工房で一番知名度があったが、どちらかと言えば、子供っぽいイメージを売りにしていたアイドルであった。はっきり言えば、嗣永さん以外のメンバーならば誰でもこの曲に合うと思われるが、それでも嗣永さんがセンターであるところに、エース優遇の人事が見て取れる。

また、少し前の「モー娘。」も、道重さゆみさん、鞘師里保さんの二強のような状況だった。

これに対し、AKBは「役割分担」というニュアンスが強い。これはAKBが多分野に展開し、個別の活動が多いからである。そして、その中で各メンバーがそれぞれの個性を生かして、AKBブランドに貢献しているのである。

確かに、AKBにもメインとサブといえそうな活動量の格差は存在する。だが、それぞれのやっていることが異なるため、メンバー同士の比較という形にはなりにくい。

例えば、指原莉乃さんや高橋みなみさんは主力級のメンバーかもしれないが、AKBの主戦場であるグラビアには、総選挙の順位の割にはあまり出てこない。しかし、そうかと言って彼女たちが活躍していないわけではない。彼女たちの主戦場は別にあるのである。

このために、AKBでは、上位争いをしている者同士が、ライバルと見られたり、そうは見られなかったりする。例えば、前田敦子さんと大島優子さんはまさに、ライバルという目で見られていた。一方、渡辺麻友さんと指原莉乃さんは、総選挙の順位争いをしたのかもしれないが、2人がライバルかと言えば、微妙なところであろう。

このエースとか役割分担とかは人の起用もそうだが、もっと根っこにあるファンも含めた価値観である。

例えば、℃-uteは矢島舞美さんと鈴木愛理さんが2トップのような形になっていた。残りの中島早貴さん、岡井千聖さん、萩原舞さんの3人に「3バカ」という愛称があったが、これは2トップをネタとした愛称であろう。3人が大きくアイドルとして劣っていたとはまったく思えないが、この2トップと3バカという構成は、℃-uteファン、そして5人の個別のファンのすべてが了承していたような雰囲気があった。

一方で、AKBのファンは、誰が最強であるかをいがみ合っているような雰囲気だ。互いの価値観はまったく異なるのである。

それぞれの教義

また、先に、集団レベルでの趣向が、AKBが自然で、ハロプロが作り上げるというものであると書いた。

この違いは、まさに、それぞれの活動範囲の違いから生まれている。

AKBは多分野で活動しているため、根っこの部分で自分らが「タレント」であるという意識がおそらくはあるだろう。

　これに対し、ハロプロは音楽が主体であるので、「アーティスト」であるという意識があると思われる。

　ＡＫＢはタレントであるから、普段着のようなものが基調となる。また、周囲に可愛く見せるような技術が発達していく。

　これに対し、ハロプロはアーティストであるから、色々と着飾る。また、歌唱力やダンス能力のような技術が発達していく。

　これらは根っこにある教養からくる違いなのである。

展示会場

　ＡＫＢは様々な分野に進出しているが、着目したい分野がある。それは「グラビア」である。

　前の方で書いたし、コンビニにでも行けば分かるので、説明の必要もないと思うが、ＡＫＢはグラビアを席巻してしまった。２０１６年に入って少し勢いが止まったような感じもあるが、相変わらず、登場の回数は相当に多い。特に、乃木坂はＡＫＢ

本体、その他ＳＫＥなどの後退を埋める以上の活躍ができていると言ってもいい。

このグラビアを制したことは、ＡＫＢの勝因の一つである。グラビアを制することには大きなメリットがある。

まず一つ目であるが、グラビアを載せる雑誌が売られているところは、本屋やコンビニなど人が多く行き交う生活の場であるということだ。

ここは人目に触れる回数が非常に多く、知名度を高めるには絶好の場である。そのため、グラビアで有名になることは、バラエティーなどに進出する足掛かりをつかむことであり、実際に、そのようなグラビアアイドルは幾人も存在する。この空間を支配するということは、衆目の集まる場を支配するということであり、他への進出の場を支配するということでもある。

ＡＫＢは、あっちを見てもこっちを見ても雑誌のグラビアはＡＫＢばかりという状況を作ることによって、「下々の者どもに、アイドルの天下はＡＫＢにあり」ということを世間に示したのである。

付録として

次のメリットとして挙げられるが、雑誌のグラビアは、それ自体が目的の商品ではなく、オマケであるという点である。主体は当たり前だがマンガだ。

ＣＤや写真集などの商品は、対象となるアイドルに対して興味がわかなければ、当然のことながら買ってはもらえない。これは出てくるアイドル自体が主体の商品だからである。そのため、そのアイドルを何らかの形で世間に出さなくては、それらを売り上げることはできない。

しかし、グラビアだとオマケであるため、そのアイドルに興味がなくとも、手に取ってもらう、買ってもらうことが可能である。これにより、「新人の露出」にはグラビアは有効な手段の一つとなっている。

つまり、グラビアを支配するということは、新人の送りこみの主要なルートを支配するということにつながるのだ。ＡＫＢは次々に人気メンバーを輩出することができたが、その要因の一つが、このルートの支配である。

見せるプロ

ＡＫＢはなぜ、グラビアを支配できたのか？

当然、積極的に売り込みをかけたのであろうが、その他にも理由はある。

まず、前述した見せ方の上手さである。グラビアというのはまさに女の子が自身を見せる場であるので、この能力が最も生かされる場である。

加えて、多様なタイプのメンバーがそろっている点もある。一言でグラビアに向いていると言っても、グラマー、スレンダー、可愛い、美人と多様である。ＡＫＢは人数が多いので、様々なタイプの供給が可能である。そして、その多人数を「ＡＫＢブランド」で束ねているのだ。

ハロプロがグラビアに力を入れていたら、もっと良い戦いができた可能性は高い。℃-ｕｔｅの矢島舞美さんなどは、アイドルの中でもトップクラスの美人系であったであろうが、彼女がグラビアでもっと活躍できたなら、ハロプロにどれだけの利益をもたらしたか分からない。矢島さんは２０１７年2月で25歳、だんだん、グラビア適齢期から結婚適齢期にさしかかっている。惜しいものであったと思う。

矛と盾

もう一つ着目したいのが、前述のように、ＡＫＢはグラビアにおいて様々なメンバーを組み合わせて使うという点である。

メインメンバーを複数で出すパターンもあるが、メインメンバーとサブメンバー、新人を組み合わせて出すことも多い。俗に言う、抱き合わせ販売である。

これは売り込み上のメリットもあるかもしれないが、他にもメリットがある。まずは、「肯定的な評価をもらいやすい」という点だ。

単純な話だが、人数を増やせば、見る側の好みのタイプに当たる可能性は高くなる。だが、これは実は重要な話である。

見る側としては、誰か1人に対して興味を持てれば、そのグラビア全体としての評価も肯定的なものになるだろう。なので、複数で出すことは肯定的な評価をもらう可能性が高まることを意味するのである。これはブランドを広める上で、非常に強力な矛であるだろう。

メリットはもう一つある。それは「否定的な評価をもらいにくい」という点である。

ＡＫＢは全体的に見せ方が上手いと言っても、毎回上手くできるという保証はない。サブメンバーや、特に新人は上手くいかないことも多いだろう。上手くいかなければ、当然、ＡＫＢブランドに傷がつくのであるが、この際に、上手く見せたメンバーが一緒にいれば、「この子が可愛くないだけ」と解釈してもらえる可能性が高い。

つまり、複数のメンバーを組み合わせて、失敗をカバーし合えば、損害を最小限に抑えることができるのである。これはブランドを守る上で、非常に強力な盾であるだろう。

この抱き合わせ戦法は攻守両方において役に立つ。もちろん、これはＡＫＢ式の柔軟な組織編成があってできることだ。人数が少なく、組織編成に柔軟性がなければ、組み合わせが単調になってしまうだろう。

何気ないが、この戦法は想像以上に強力な効果をもたらしていると思われる。

交わる地

孫子の兵法書では交通路の交わるような地を「交地」と呼んでいる。グラビアはまさに交地であり、ＡＫＢはその力を駆使し、この交地を支配して、展開能力に差をつ

AKB

けているのである。

ある史書にいわく、

「ＡＫＢ軍はその戦術と柔軟な部隊編成でグラビア地方を席巻し、ＡＫＢにあらずんばグラビアにあらず、という状況を作り出した」

という具合であろうか。

握手会と総選挙

ＡＫＢと言えば、様々なものが思い浮かぶが、その代表的なものに握手会と総選挙がある。二つとも、ＡＫＢの活動においては重要なものであり、ＡＫＢの特色を表しているものでもある。この二つはＣＤに付いている握手券や投票券を手に入れることによって参加することができ、それがＣＤの売上枚数に貢献しているので、その点が賛否両論、毀誉褒貶、諸説紛々、甲乙論駁、百家争鳴の状態を作り出している。

握手会について一般的に言われていることが、「会いに行けるアイドル」というものので、それが従来とのアイドルとの違いであり、強みであるというものである。

総選挙についての主な言説は、ファンの側がメンバーの評価に参加することができるので、より客観的な評価が可能となっているというものだ。

これらは間違っているとは思えないし、重要な点であるのだが、ここではもっと違う点に着目してみたい。

パイを増やす

まず、これは握手会と総選挙の両方に言えることであるが、「活動の項目を増やした」という点である。

これは物事のすべてに言えることであるが、ある職業や立場において、何でもできるというわけではない。アイドルならば、音楽、グラビア、テレビ、舞台、CM……などできることは限られており、しかも、音楽ならば基本的には歌うことのみ、テレビならばバラエティーやドラマなど、さらにその中で制限がかかってくる。アイドルとはあくまでその中で活動をしなくてはならないのだ。

そうであるので、活動の項目を増やすというのは、実は非常に有効な手段なのである。項目が増えるということは、それに対して興味を持つ人が増える可能性が広がることを意味する。音楽しかやっていなければ、それに興味を持ってもらうしかないが、音楽とグラビアならば、どちらかにひっかかれば、ＯＫであり、両方に興味があれば、それぞれでお金を使ってもらう可能性がある。それに握手会や総選挙が加われば、そこからも徴収が可能となるのだ。

特に、他がやっていなければ、その分野においては、独占的な供給ができることになる。それは有利極まりないことであろう。

加えて、握手会や総選挙ともに、「総数が決まっていない」イベントであるのも、良い点である。

種々の活動には「総数が決まっているもの」と「総数が決まっていないもの」がある。

例えば、グラビアやテレビの出演、ＣＭなどの広告関係というものは、発注される仕事の総数というものが決まっており、自身がその仕事を手に入れるためには、事実上、他から奪ってこなくてはならない。

これに対し、ＣＤの販売やライブの動員数などは、業界の総数などというものは決まっていないので、自分らだけで数を増やすことが可能である。もちろん、アイドルファンの数は無限ではないので、間接的な奪い合いは存在するだろう。しかし、総数が決まっていないので、全体のパイを増やすことは可能である。なので、直接的な奪い合いはないと言っていい。

ＡＫＢがＣＤの売れないこの時代にミリオンセラーを連発できた理由が、握手券と投票券をＣＤに付けたからだが、この方法は総数の決まってない新たな項目であるから、ここまで効果があったのだ。

また、ＡＫＢはメンバーの数が多い。握手会と総選挙は拡大に制限がないから、ここから多くの利益を生み出すことができる。なので、メンバーの数の多さと握手会や総選挙はセットで爆発的な効果を生み出す。他のアイドルグループでも、握手会は行われているが、メンバーの数が少ない。それでは拡大にブレーキがかかるのである。

数字の提供

総選挙によって、メンバー間の競争が生まれると言われているが、総選挙がなくとも、同グループ内での競争というのは存在するだろう。人気のあるなしがどうしても出てしまうからだ。実際に、初期の「モー娘。」のメンバーは、互いがライバルなので仲が悪かったと言っている。

これは前述したが、ＡＫＢは大人数であることによって、段階的な評価が可能となっている。AKBの主力となるメンバー、比較的よくグラビアやテレビなどに出てくるメンバー、CDには参加できるメンバー、その他のメンバー……と段階的な位置づけができる。

そして、これを実際の数値で表しているのが、総選挙と握手会である。総選挙では票数、握手会では申込者数という形で数値を提供している。

そして、これも大人数であるから有効に機能している。

少人数のグループでは、何かの形で実際の数値が出ても、その順位を上げることは必ずしも容易ではないだろう。相手が同レベルとは限らないからだ。特にメンバー内に人気アイドルがいた場合、それを越えるのは非常に難しい。だが、大人数ならば、同レベルのメンバーが大勢いる。同じくらいの位置ならば、自身の努力で何とかなる可能性は高い。

それにより、ファンに対して、サブメンバーに関しても見るべき点をより多く提供することになる。少人数の場合、メインメンバーの動向が興味の主力となるのであろうが、大人数で選挙をやった場合、サブメンバーがどの位置にいるのかという点も見る素材として提供することができるのだ。

総選挙や握手会での数値も、同じように、メンバーの多さとセットになって、爆発的な効果を発揮するのである。

科目を増やす

また、これは握手会に言えることだが、項目が増えるということは、評価の基準の数が増えるということでもある。音楽ならば、アイドルの場合、歌とダンスの能力、グラビアならば見せる能力……が問われるわけだが、握手会は握手会の能力が問われることになる。

特に、握手会は直接的な接触であり、音楽、グラビア、テレビ番組などの間接的な接触とは異なるため、異なった能力が必要なる。間接的な接触の場合。ある種の偶像的に見せる能力が必要となるが、直接的な接触の場合、短時間の生身のコミュニケーション能力が必要となる。

また、握手会は「神対応」「塩対応」と呼ばれるように、各アイドルの努力が評価につながりやすい。自身が努力をしてもどうにもならないことは多い。だが、握手会はどうにかなりやすいのだ。

新たな評価項目が増えたということは、それに向くメンバーが台頭することになる。他の項目での能力が低くても、この部分で評価されるというのもありうる。実際に、神対応が評価されて、有名となるメンバーも多い。ＡＫＢには地味な感じで、有名になるメンバーもいるが、ネット上の評価を見ると、神対応が多い。

そして、この評価項目の増加、その項目で評価を受けるメンバーの出現は、ＡＫＢのメンバーに多様性をもたらす。

多様性の重要性はよく言われるが、それを実現する方法の一つが、この評価項目の増加なのである。

鍛錬の場

次に、これは前述したが、握手会はアイドルとしての見せ方の鍛錬の場として機能しているということだ。多くの数のファンと直接的に接するというのは、他ではできない訓練となっているだろう。

取れるだけ取る

総選挙の方であるが、こちらの方も独特のシステムとなっている。

総選挙は1人での複数買いが問題にもなっているのであるが、なぜ複数買いをするのであろうか？　目当てのメンバーの順位を上げたいと言えば、それまでだが、総選挙は複数買いをさせるための、独自の仕組みがある。

まず、「意味のある複数買い」であるという点である。今までも、写真集などを熱烈なファンが複数買うということはあっただろうが、これらの複数買いは、はっきり言えば意味がない。だが、総選挙の複数買いはそのまま票の増加につながるので、複数買いが意味をもつのである。

次に「度合いを調節できる」という点である。どれだけの費用を投じるかということは、ファンの側がそれぞれに応じて、票数という形で調節することができる。ヘビーなファン、ライトなファン、経済力のあるファン、ないファンと、ファンの間でも様々な落差が存在する。これをそれぞれの事情に応じて、調節できるのもこのシステムの特徴である。

次に「限界が存在しない」という点である。アイドルにお金をかけると言っても、ＣＤを買って、コンサートやライブに全部行って、グッズを買って……とあらゆることをやっても、それ以上はできることがなくなるという限界のようなものがある。だが、総選挙の票数はいくらでも投じることが可能であり、限界がない。なので、可能なだけ貢献することができる。極端な話、億単位でお金を使うこともできるのである。

次に、「時間をとらない」という点である。実はこれは重要である。アイドルの曲を聴くにしても、コンサートやライブに行くにしても、写真集を眺めるにしても、その人の貴重な「時間」を消費してしまう。だから、時間がない人はそのアイドルに興味があっても、関わる度合いが減る、または、関わることができないのである。しかし、総選挙の投票はお金を使うことはあっても、時間を使うことはない。強いて言うならば、投票の処理時間くらいか。いや、それすらも、有志の選挙対策の方々がいるので、そちらにお金を振り込むだけで、なんとかなってしまう。総選挙は時間を使わないエンターテイメントなのだ。

総選挙では、嘘か真か、中国の富豪が大量に票を買ったという話も聞く。富豪は貢献しようと思えばいくらでもできる。だが、暇はあまりないだろう。そんな方に総選挙はピッタリのエンターテイメントだ。

こう見ると、総選挙は画期的な集金システムである。これを使って、取れるだけ取っているのだ。

同じ単位

ＡＫＢが多分野展開していると前述したが、多分野に展開していると、メンバーの比較というものが難しくなる。分野によりに必要な能力、評価の方法が異なるからだ。音楽ならば、歌やダンスのスキル、センターであるかどうかといったものが、グラビアならば、見せ方の上手さ、雑誌での登場回数、その雑誌の売上など、バラエティー番組ならばトークの能力といったものが基準となろう。

だが、これらは比較のしようがないので、活躍している分野が異なると、メンバー間の比較がやりにくい。

総選挙は、この多分野展開しているメンバーの比較に、票数という数値で一定の指標を与えている。これにより、異なったタイプのメンバー同士の比較が可能となっているのである。

そうであるので、他分野展開ということが一緒になって、総選挙は有効に機能する。他分野展開をしていない場合、あまり意味を成さないであろう。

実際に、音楽だけ、グラビアだけ、テレビだけ……といった単一分野での比較ならば、選挙などしなくとも、何となく分かるものである。

だが、異なる分野の場合、共通の単位が必要となるのである。

新たな単位

また、複数買いができるとなると、熱狂的なファンがいるメンバーは有利である。

つまり、総選挙はファンの数だけでなく、ファンの熱意も測定が可能なのである。

これにより、ファンは多いがライトユーザーばかりというメンバー、ファンは少ないがヘビーユーザーの多いメンバーとファン層の異なるメンバー同士の比較も可能となっているのだ。

第2章　ＡＫＢのジ・ダ・イ

適応という言葉

前章でＡＫＢの特色を説明したのであるが、これらの特色が他より優越しているがゆえに、ＡＫＢはアイドル界、いや、芸能界の頂点に立ったのだろうか？

これは「ＹＥＳ」と答えたいところだが、実は正確ではない。正確に言えば、「優越」というよりも、「適応」といった方がいいのだ。

これはどういうことか？

環境が変化すれば、それに適応できるか否かが問われる。適応できなければ、衰退・滅亡し、適応できれば、台頭・繁栄する。ＡＫＢの活躍はその適応に近い。

恐竜の絶滅には諸説あるが、その中に、寒冷化に適応できずに滅亡し、それに適応した哺乳類が台頭したというものがあるが、そのようなものである。

アイドルで言えば、ハロプロが栄えていたが、環境が変化し、ハロプロは適応できずに衰退し、ＡＫＢが台頭したということだ。

では、その環境の変化とは何か？　また、その適応の内容はどのようなものか？

音楽の衰退

まず、その一つが「音楽の衰退」である。

近年、文化、というより社会は変革期を迎え、既存の文化も衰退の方向に行っている。テレビは見られなくなり、雑誌の売上も落ちていく。音楽も同様で、ＣＤの売上枚数の低下などは、よく語られる。

その中で特に衰退の著しい、正確に言えば、衰退の早いのが音楽である。

まず、ＡＫＢのＣＤの売上がこれを示している。ＡＫＢのＣＤの売上は他のアーティストを圧倒しているのであるが、これはよく言われているように、握手券や投票券をつけているからである。これにより、「音楽を売っていない」と批判されるのであるが、逆に言えば、音楽では売れないということでもある。音楽よりも、握手や投票に価値を感じている人の方が多いということなのだ。

また、曲のＣＤでの販売ではなく、ダウンロード販売の場合、ＡＫＢは全然駄目だと言うが、逆に言えば、全然駄目でも、芸能界の頂点に立てるということを示している。

また、社会的な知名度もそうである。かつては、トップアーティストと言えば、社会的な知名度は相当なものだった。トップの政治家、トップの実業家、トップの芸能人、トップの文化人と同じくらいの知名度があった。だが、今はそうではないだろう。過去に有名となったトップアーティストは、かろうじて社会的な知名度を保持しているものの、新規の純然たるアーティストで日本トップクラスの知名度を持っているアーティストはすでに存在しない。毎年、新規のスターが生まれていた時代が懐かしいくらいである。芸能人やタレントの場合、一応、いまだにそれを保持しているし、新規で有名になることは可能である。今は音楽で有名になることは、ほぼ不可能であるという状態である。

環境が変化すれば、それに適応した集団が台頭する。この場合、既存の文化の衰退において音楽の衰退が特に著しいという環境に適応した集団が台頭する。それがＡＫＢだ。

ＣＤの売上のピークは１９９８年である。だが、00年代前半はまだ、音楽の勢力や権威のようなものは残っており、宇多田ヒカルさん、浜崎あゆみさんのような日本人全般に通用するようなスターというものは存在した。端的に言えば、「モー娘。」もそのお仲間の１人である。

しかし、00年代後半になってくると、音楽の衰退は本格的に進んでいく。その頃の「モー娘。」に対する一般人の反応の多くは、「最近のメンバーはあんまりよく分からない」である。世間の興味が薄れてきた証だ。

そして、10年代に入ると、音楽の衰退はさらに進み、「モー娘。」に対する一般人の反応は、「最近のメンバーはまったく分からない」というものになっていく。代わりに、2005年に誕生し、本格的に成長してきたAKBが台頭していく。

では、その詳しい中身はどのようなものか？

活路を見出す

音楽が衰退している以上、その一点に重点を置いて、活動することは不利である。そのため、他の分野に進出する必要がある。前述のように、AKBは多分野にわたる展開が特徴であるが、これは新たな環境に適応したやり方だ。

これと対照的なのが、ハロプロである。これも前述のように、ハロプロは明らかに音楽偏重である、当然のことながら、音楽が衰退すれば、その影響をモロに受けてしまう。これを回避するためには、他の分野にも進出していく必要があるが、ハロプロはこれに気付いていなかった、または、怠ってしまった。

２０１６年に解散してしまったアイドルグループにＳＭＡＰがあるが、ＳＭＡＰの成功にバラエティー番組への進出が挙げられる。これは理にかなっていたわけだ。

時代の要因

近年、アイドルが乱立する状態を指して、アイドル戦国時代などと言ったりする。実際にアイドルだらけのような状態になっているのであるが、この状態を招いた要因は、アイドルの需要が高まったというよりも、音楽の衰退によって、純然たるアーティストよりも、音楽以外でも使えるアイドルに重点が移った、また、供給する側もアイドルに力を入れざるを得なくなってきた、ということが正確なのではないか？

これは、アイドル自身を見れば分かると思う。例えば、初期の「モー娘。」などは、明らかに、音楽活動が主体であり、その他はオマケであったが、今のＡＫＢは音楽だけでなく、多分野で展開している。アイドルの需要が高まっただけならば、音楽主体の有名アイドルがいてもおかしくなさそうだが、実際にはいない。ももクロなども音楽が主体であるように見えるが、それでも、純然たる音楽性で勝負しているというより、音楽にエンタメ性を混ぜて勝負しているといった方が正しいだろう。

音楽のスペシャリストよりも音楽を含めたゼネラリストの方が使える時代なのだ。

曲の良し悪し

ＡＫＢの躍進の理由の一つとして、ＡＫＢのアイドル調の曲が挙げられるが、これはどうなのだろうか？

純然たるアーティストが見向きもされないのに、アイドルだけが曲の良し悪しを問われるというのは、おかしな話だ。この場合も、ＡＫＢの曲調が受けているというよりも、ＡＫＢ自体が受けていて、それに合わせてＡＫＢの曲も受け入れられているという方が正確だ。

もし、曲の良し悪しと関係があるとしたら、例えば、ＡＫＢ内でも曲の内容でＣＤの売上が決まるはずである。

実際に、音楽が全盛期の頃は、トップアーティストでも、曲自体が受けないとさすがにミリオンヒットは狙えなかった。だが、現在は、ＡＫＢならば全部かまわずミリオン超えをしてしまう。

また、そのミリオン超えしたCD内の格差も、投票券のついたCDは他に比べて売上が多いというものになっている。『恋するフォーチュンクッキー』は社会現象にまでなったが、前作の投票券のついた『さよならクロール』に勝てなかったし、『365日の紙飛行機』はそれこそ曲自体の評判が良かったが、この曲の収録された『唇にBe My Baby』の売上は、初動での売上の連続ミリオンを途切れさせ、最終的にギリギリでミリオンを超えたということになっている。

また、別動隊の乃木坂であるが、「乃木坂はヒット曲がない」と言われる。これはメンバーの生駒里奈さんも言っていることだ。だが、一方で、「AKB本体を超えた」とも言われる。この二つを合わせて考えれば、ヒット曲がなくとも、トップを狙えるということだ。

この曲の影響は少ないという要因を考えると、曲に主点を置く戦略は間違いということになる。

昔は、「良曲がヒットしてトップアーティストの仲間入り」という現象が見られたが、今はそのようなことは望むべきではない。

また、曲をプッシュするあまり、当人たちに合わないこともやらせるべきではない。

℃-uteの曲に『我武者LIFE』という曲があった。これは℃-uteには珍しくアイドル調の曲だ。おそらく、ＡＫＢのアイドル調の曲が売れているということに影響を受けたと思われるが、このような作戦は必要がない。℃‐ｕｔｅが受け入れられれば、自然とＣＤも売れたのである。『我武者ＬＩＦＥ』は℃‐ｕｔｅに合わないということはなかったと思うが、もし、そのアイドルに極端に合わないような曲を作れば、有害ですらあるだろう。曲ではなく、そのアイドル自体が重要なのである。

アイドル調の曲が多いというのは、アイドル調の曲が受け入れられているのではなく、一般的なイメージのアイドルが多く、それに従ってアイドル調の曲が多いというのが真相だろう。だから、それ以外のコンセプトのアイドルはそのコンセプトでやった方がいいのだ。

曲が良いか悪いかと言ったらば、良い方が好ましいに決まっている。そうであるので、曲は疎かにしていいということにはならないだろうが、曲は主要因ではないのである。

大軍を使う

音楽の低下によって多分野での展開が必要となると、それに合わせて人数も必要となってくる。何でもできるアイドルなど存在しないだろうし、時間的にも１人ができることは限られてくるからだ。

そして、その人数を確保できているのがＡＫＢである。

当然のことながら、何でも人をそろえればいいというものではない。アイドルとしての一定の水準を持った者をそろえなくてはならないのであるが、それができているのである。これは、大人数をそろえて、劇場を出発点とし、人気の出たメンバーを使っていくというシステムが機能しているからできるのであるが、これは誰にでも簡単にできるというものではない。

また、それを効率的に使う組織編成も必要である。多分野に展開する場合、状況は様々であろうから、ちょうどいい編成というのは想定し難い。そのため、その都度人数の調整のできる編成が有効となる。

ＡＫＢは状況に合わせて、人数の調整のきく柔軟な編成を持っているが、これは多分野展開において有効に機能する。

音楽が主体の場合、それがメインとなるから、それに合わせて固定化してしまってよい。そうであるので、少し前の時代ならば、ＡＫＢ式の編成は無駄が多いだけだっただろう。

多人数式の編成と言えば、ＡＫＢと同じ秋元氏がプロデュースしたおニャン子クラブがあるが、おニャン子クラブは歴代すべて合わせても約50人で、ＡＫＢとは別物である。また、有名になったと言っても、実際は2年くらいしか活動していないし、実績もＡＫＢには到底及ばない。このおニャン子クラブだけでは、前時代に多人数編成が有効であったとは言えない。

厳密に言えば、多人数編成であってもいいが、劇的に機能する環境にはなかったといったところだろう。

変わる力点

アイドルグループにはブランド、グループ、個人の階層があり、この中のグループは主に音楽に使われるということを前述したが、音楽のウエイトが下がれば、必然的にグループのウエイトも低下する。

ジャニーズはいまだにグループを有効活用していると思われるが、それでも、V6などはグループ活動の低下が目立ち、全般的にはグループのウエイトは落ちていると言わざるを得ない。

特にアイドルのシャッフルユニットや派生ユニットと呼ばれる副次的ユニットは、ほとんど音楽にしか使われないので、その存在感は低下の一方である。全盛期のハロプロの副次的ユニットは本体並みの知名度を誇り、現在のAKBの副次的ユニットはさほど知名度がないのも当然のことだ。音楽の需要があれば、副次的ユニットの需要もあるのだろうが、音楽の需要がなければ、副次的ユニットの需要もないからである。

前述のように、グループ・副次的ユニットの使い方はハロプロの方が上手いと思われるが、重要性の低い能力となってしまっている。

一方、AKBはこれが低くとも、致命的な弱点とはならない。

もし、AKBが副次的ユニットをすべて廃止してしまったとしても、ほとんど問題はないだろう。

重要性の低下するグループとは逆に、それが高まるのがブランド・個人である。

ブランドは知名度を高め、対象を薄く広く下支えするように支援する機能があるが、多分野に展開するとなると、これが重要となる。一つの分野に大きく機能する力を有していたとしても、その分野にしか通じない。その分野だけで勝負するのであれば、それで良かろうが、多分野の場合はそうはいかない。普遍的に使える力が必要なのだ。そして、この使い方は前述のように、ＡＫＢの方が圧倒的に上である。そして、この能力は非常に重要性の高い能力なのだ。

また、音楽以外の活動の単位となる個人の重要性も高まる。そして、この能力もＡＫＢの方が上なのだ。

18禁

多分野での活動が有効となると、活動に制限のある人は不利である。したがって、グラビアなどが十分にできる20歳前後からが、アイドルとしての本番となる。

ＡＫＢは前述のように、人気メンバーのほとんどが20歳を超えている。

一方、昔の「モー娘。」で人気のあったメンバーは、安倍なつみさん、後藤真希さん、石川梨華さん、加護亜依さんなどであろうが、彼女らは10代前半から半ばくらいであった。音楽主体であれば、10代半ばくらいでもなんとかなってしまう。

だが、最近の「モー娘。」で、もっとも人気があったのは、年齢を重ねた道重さゆみさんである。ハロプロの側も変化の波にのまれているのだ。

教義の改定

活動する分野が異なると、自身のアイデンティティーも異なるようになる。ＡＫＢがタレントで、ハロプロがアーティストであるということを前述したが、音楽が中心であれば、アーティストなのかもしれないが、音楽以外の舞台でも活動が必要となると、タレントへと変化していく。

また、多分野で活動するための使い勝手の良さは重要な能力と化す。アイドルであれば、女の子や女性として見せる能力は有用となる。

環境が変化すれば、有用な教えも変化していくのだ。

人事の改定

必要なスキルが変化すれば、それを評価する方法や価値観も変化する。

ＡＫＢは他分野にまたがって活動するので活動の種類が多くなり、中心を定めがたい。そのため、各人が得意な分野で活動する「役割分担」の価値観を持つ。

また、能力の評価も様々な項目からなり、多面的となる。

これに対し、ハロプロの「エース」の価値観はどこから来ているのだろうか？

これは、音楽が活動の中心となれば、活動の種類が少ないため、ここで注目を集めることができないメンバーは、事実上、挽回は不可能となり、グループ内で力点が偏ることになる。加えて、グループが少人数で固定化されていれば、比較対象が常に同じである。そして、それは結果的にエース的な価値観を生むことになり、ここから来ている価値観が、伝統的にファンを含めて保持されているように思える。

また、音楽が活動の中心ならば、それ関係の能力が重視される。歌・ダンスの能力は重視されるし、外見にしても、歌番組・ライブで見栄えするかどうかが重視され、水着などの見栄えは重視されない。

さすがに最近は音楽以外の評価も相当に入ってきているだろうが、それでも、歌唱力の鈴木愛理さん、ダンス能力の鞘師里保さんなど、音楽関連の能力の価値は相変わらず高い。

近年は、初期ほどにはエースの価値観・音楽重視は薄くなってきているのだろうが、それでも、これはハロプロの伝統なのであろう。

評価の方法も変わっていく。

一つの分野ならば、その分野の目利きの能力を持つ人物が、メンバーの評価をするという方法が有効である。

ハロプロはつんく♂氏の目利きのようなもので人事が行われていたが、つんく♂氏のその能力は優れたものであっただろう。音楽を重点として活動するならば、それでいいわけだ。

だが、多分野で展開する場合、様々な分野での目利きを持つ人間などいないだろうから、大勢の人間での評価の有効性が増す。

加えて、それぞれの分野での評価の基軸は異なるから、共通の評価方法があることは非常に便利である。

ＡＫＢは多分野で展開するから、総選挙での投票は有効であるし、必要でもある。

また、音楽は単体の作品というより、複数の共同作業の作品であるので、他の共作者との相性も重要である。そのため、人気投票によって選ばれた人物を使ったとしても、良い作品になるとは限らない。

グラビアなどは、被写体となるアイドルの容姿などが決定的に重要な要因となろう。当然、カメラマンの腕やカメラマンとの相性も無視できないが、やはり、最重要なのはそのアイドル自身である。そのため、人気投票の結果に信頼をおきやすい。

だが、音楽の場合、作詞・作曲・編曲も歌い手と同じくらい重要な要因であるので、仮に人気のある歌い手を起用したとしても、他者との兼ね合いによっては、良くない作品ができることもある。

つんく♂氏は自身で作詞・作曲を行うので、自身が使いやすいかどうかの判断は必須である。

実際に、２００２年の「モー娘。」のオーディションで投票はやったが、１位が選ばれたわけでもなく、結果には反映されなかった。

また、１９７１年から83年にかけて『スター誕生！』というテレビ番組があった。これは歌手のオーディション番組なのだが、観客が審査に参加できるというシステムである。だが、予選は審査員による審査、次のテレビでの予選で観客と審査員との総得点での審査、最後の決勝で芸能事務所からスカウトが来るか否かというもので、一般人が関与できる割合は少ない。やはり、音楽においては、一般人に判断は任せられないのだ。

つんく♂氏は「評価せざるを得ない」のであり、秋元氏は「評価する必要がない」

のである。

興味の分散

一つ目の要因が「音楽の衰退」であるが、もう一つの要因もある。それは、「興味の分散」である。

昔は人々の興味が集中していて、皆の関心事はほとんど同じであったが、それがだんだん分散していき、各人が好きなものを追うというものに変化していっている。これはよく言われる言説である。

これは正しいだろう。今の時代の変化を表す重要な言説の一つだ。

そして、アイドルも必然的にこの変化の影響を受けることになる。

要点と漸進

では、これを詳しく説明する。

まず、文字通り、集中していた人々の興味が分散していく。空間的に、集中から分散である。

次に、興味が分散されるため、一つひとつの影響力は必然的に弱くなる。あるものが決定的な力を持っている状況はなくなっていくのだ。

そして、決定的な点がなくなっていけば、これを押さえれば大きな成果を挙げられるというものがなくなる。そのため、成果を挙げるのに時間がかかるようになる。時間的には、短期から長期である。

このような状況の違いから、方法・戦略に違いが生まれてくる。

まず、以前の場合、人々の興味の集中点のようなものがあり、これを押さえれば、決定的な成果が挙げられるため、これを「狙う」ことが重要になる。「仕掛ける」という言葉があるが、これは人々の興味の集中点に向かって方策を行うことを指した言葉だろう。

これに対し、今現在、そしてこれからの場合、集中点がないため、いきなり大きな成果を挙げるのは難しい。そのため、「粘る」ことが重要となる。一つひとつの活動を「積み上げる」のだ。

つまり、以前は会戦で勝利を求めていくようなやり方であったのが、今は陣地戦の様相を呈しているわけだ。

以前の方法・戦略を一言で言えば、「要点」である。
そして、今現在、これからの方法・戦略を一言で言えば、「漸進」だ。
集中、短期、狙う、仕掛ける…………要点
分散、長期、粘る、積み上げる…………漸進
実際には、これらの変化は完了したわけではなく、現在は「過渡期」だろう。だが、この変化はますます進んでいく。
そして、アイドルたちもこれに適応する必要がある。

必修科目変更

まず、決定的に重要な分野がなくなれば、様々な分野で活動することが有効となる。音楽の衰退によって、音楽外に活動分野を求める必要があったが、この興味の分散という点においても、多分野展開は有効なのである。

そして、ＡＫＢはそれをやっている。

また、種々の活動の内容も変化を強いられる。

要点戦の場合、興味の集中点になりそうもなければ、何かをやっても、大きな成果

につながることはなかった。しかし、その集中点がなくなれば、新たに有効な新規のものがでてくる。漸進戦という観点から考えると、積み上げやすいものは有効性が上がるだろう。

この点から、対面してファンを徐々に獲得していく握手会は有効である。また、その成果を測る総選挙も有効だ。

AKBのやっていることを、初期の「モー娘。」の頃やそれ以前にやっていたら、どうであっただろうか？　これは興味の集中点にはいるかどうかということがポイントとなる。これは感覚的な予測でしかないが、総選挙は上手くいくかもしれないが、他はダメだろう。見ている、やっている当人は面白いかもしれないが、第三者から見ても面白くないからだ。

実際に、握手会というものは、以前から存在した。しかし、活動の主力として扱ったのは、AKBが初めてである。以前の要点戦においては、そのようなことをするよりも、興味の集中点で一気に成果を挙げる方が、効率がよかったからだ。「モー娘。」で言えば、ASAYANを使って、人々の興味を引けばそれで十分であったのだ。

好みの多様化

そして、興味の多様化はアイドルそのものにも、影響を及ぼす。

昔は、松田聖子さんのように、男性から圧倒的な支持を得るアイドルというものが存在した。広末涼子さんなどもそうだろう。しかし、興味が集中しない今現在はそうはいかない。

そのため、多くのタイプのアイドルが必要となる。つまり、大人数が必要なのだ。

この点においても、ＡＫＢは大人数であるので、対応できている。

軽いから重い

また、多様化すると、ファンの質にも変化が出てくる。

要点戦においては、大多数の人間の興味が集中するから、必然的に、ライトユーザーが幅を利かせることになる。さほど興味のない人たちが大多数だ。一方のヘビーユーザーは少数派である。

しかし、漸進戦においては、各人が自身の興味を追って分散するため、ヘビーユーザーの割合が大きくなる。そのため、ヘビーユーザー向けのコンテンツの重要性が増す。

まず、ＡＫＢのキーワードの一つである劇場だが、これは自身で足を運ばせるのであるから、ヘビーユーザー向けである。

そして、もう一つが総選挙である。総選挙は1人での複数買いが問題にもなっているのであるが、逆に言えば、買えるだけ買えるので、これもヘビーユーザー向けのコンテンツであると言える。「薄く広く取る」よりも「取れるだけ取る」方が有効なのだ。

また、総選挙は自身が楽しむものではないと前述したが、ヘビーユーザーにとっては、そんなことは関係がない。

また、複数買いが有効ならば、ファンの数は多いがライトユーザーばかりというメンバーと、ファンの数は少ないがヘビーユーザーが多いというメンバーを、同じ基準で測定することができる。

アンケートの信頼性

また、ライトユーザーが中心の場合、彼らの意見というものはあまり信用ならない。彼らは薄い興味しかないため、他にもっと興味が惹かれるものがあれば、そちらに移ってしまうからからだ。また、そもそも対象に対しての知識なども乏しいものがある。

そうであるならば、ユーザーの意見を取り入れるよりも、こちらから積極的に仕掛けていってしまった方がいい。興味のポイントを主導してそちらに誘い込むのである。「モー娘。」のＡＳＡＹＡＮを使っての、世間の興味の誘導はまさに好例であろう。まさに「仕掛けた」のである。

一方、漸進戦の場合、ヘビーユーザーの割合が増えるから、彼らの意見の信頼性は増す。ヘビーユーザーは対象に対しての知識が豊富だし、小さな変化にも気付く。また、容易には動かない。

だから、彼らの意見・意志は信頼できる。総選挙で投票を行って、人気が出たメンバーを積極的にメディアに推していけば、それにほぼ間違いなくついてきてくれるだろう。

一方、ライトユーザーの場合、そうはいかないだろう。彼らの人気を集めたとしても、次の瞬間には別のものに興味が移っている可能性もあるのだ。

機会を窺う

ライトユーザーは薄い興味しか持たないため、要点戦では「タイミング」を計ることが必要となる。今、どこに大衆の興味があって、このタイミングで出してよいかどうかを計るのである。ライトユーザーの関心は移ろいやすいので、モノそのものが良くても、機を逸してしまえば、上手くはいかない。

だが、そのタイミングは一般人では答えようがない。仕掛ける側から窺うしかないのである。つまり、要点戦における、重要な要素の一つはアンケートで確かめることができないのだ。

人気投票で決めるというのは、何となく誰でも浮かぶ発想である。だが、環境によっては、それを有効に機能させるのは、意外に困難なのである。

〝いきなり〟から〝だんだん〟

一気に大きな成果を挙げることが難しいのであれば、いきなり人気を出すということは難しくなる。なので、徐々にファンを増やしつつ、人気を上げることが必要となる。

実際に、ＡＫＢの結成は２００５年であり、有名になったのは２０１０年辺りからである。有名になるまでに約５年間かかったわけだ。

ももクロもヤマダ電機を回るなどして、力をつけていった。いきなり成功したわけではないのだ。

最近、「ＡＫＢ本体を超えた」などと言われるようになってきた乃木坂46も、結成は２０１１年であり、人気がでてきて、メンバーの白石麻衣さんがファッション誌の専属モデルをやるなどし始めたのが２０１３年、約2年である。そして、「ＡＫＢ本体を超えた」と言われるようになったのが２０１６年頃からだから、約５年である。乃木坂は他のＡＫＢグループの成功の基盤が元々あったにもかかわらず、これだけかかっているのである。

個々のメンバーも同様である。

「モー娘。」の後藤真希さんなどは、それこそデビューしていきなり人気が出てしまった。いきなり人気の出る「いきなり現象」である。広末涼子さんなどもそうであろう。また、アイドルではないが、小室哲哉さんにプロデュースされるといきなり人気の出た時代があったが、これもいきなり現象であろう。

これに対し、松井珠理奈さんは2008年のデビュー時に小学生であったが、2009年の総選挙では19位であり、選抜（21位まで）には入れたが、メディア選抜（12位まで）には入れなかった。2010年で10位、メディア選抜には入れたが、2011年では14位、再び選抜には入れたが、メディア選抜には入れなかった。2012年に9位となり、選抜（この年からメディア選抜と選抜の区分けがなくなり、16位までが選抜として扱われる）に再び入り、以後は、6位、4位、5位、3位、3位と安定的に上位に入ることができている。

宮脇咲良さんなども、AKBの中では若くして活躍している方だと思うが、2011年にデビューして、2012年の総選挙では47位、2013年は26位、2014年に11位となり、初めて選抜に入っている。以後は7位、6位、4位と安定している。

一見すると、若くして活躍しているようなメンバーでも、いきなり人気が出ているわけではないのだ。だんだん人気が出てくる「だんだん現象」だ。

また、近年、ＡＫＢは積極的に若返りを図っているが、それでも、一朝一夕には経験の浅いメンバーは中心メンバーにはなれない。そのため、若返りの声に応えても、上手くいかないという矛盾した事態になる。これは、ファンの全般にその要望があっても、個々人がついていかないからだ。

近年に、いきなり現象がないわけではない。橋本環奈さんなどがそうであろう。ただ、これは例外であり、現在では何度も見られるようなものではないだろう。しかも、これは誰かの撮った「奇跡の一枚」と呼ばれる写真が出回って、「１０００年に1人の逸材」と注目されたわけで、事務所やメディアの側から仕掛けられたわけではない。

要点戦で見られた現象が「いきなり現象」である。これに対して、漸進戦で見られる現象が「だんだん現象」なのである。

ちなみに、ベテランが主力となるのは、男性アイドルも同様である。近年のジャニーズの主力はＳＭＡＰと嵐だったのであろうが、どちらもベテランである。最近では、デビューしてすぐにトップに立つアイドルはいないであろう。これはデビューしてすぐに人気のでた光ＧＥＮＪＩとは対照的である。

ベテランの存在

また、人気が出るのに時間がかかるのに合わせて、メンバーがグループに所属している期間も長くなる。

初期の「モー娘。」のメンバーの所属期間はだいたい3、4年くらいで、飯田圭織さんが約7年所属している。

後期になると、高橋愛さん、新垣里沙さん、田中れいなさん、道重さゆみさんのように、10年以上所属する方がでてきている。

最近、卒業した鞘師里保さん、鈴木香音さんなどは早くに辞めたような感じがするが、実際には、約5年間所属している。

AKBの方も、高橋みなみさん、小嶋陽菜さん、峯岸みなみさん、柏木由紀さん、渡辺麻友さんなどが、10年以上所属している。

アイドルの所属期間が2000年代初頭よりも明らかに長くなっている。いきなりとだんだんでは時間の感覚が異なるのだ。

修業期間

この「だんだん現象」に「多分野展開によるある程度の年齢の必要性」が合い合わさって、近年のアイドルは、「10代半ばから後半にデビューし、20歳前後に人気が出てくる」という標準パターンのようなものが形成されている。

実際に、ＡＫＢの人気メンバーは大多数がこのパターンだろう。10代半ばから後半にデビューし、修業しつつファンを増やしつつ、20歳前後で開花というものが多いと思われる。

ここでポイントとなるのは握手会と劇場である。

人気がないメンバーは、そもそも出番が少ないため、経験を積みにくい。一般的なメディアではほとんど出番はないだろう。だが、握手会と劇場は人気が無いメンバーでも、出番があるため、トレーニングの場を提供することができる。ここで実力を蓄えることが可能なのだ。これはだんだん現象が主流の現在では重要だろう。

長い目で見る

このだんだん現象に合わせて組織システムも適合させる必要が出てくる。まず、最初から人気が出ることは難しいから、人気が出なくとも、メンバーを所属させておく必要がある。

ＡＫＢは大人数であり、人気のあるメンバーはメディアなどに積極的に出て、そうでないメンバーは表舞台にはあまり出ないという段階的な評価が可能であり、また、人気がなくともメンバーを所属させやすいということを前述したが、これにより、「出来上がるまで待つ」という選択肢を容易に取りやすい。これは漸進戦においては重要である。

また、時間が長期間に及ぶとなると、メンバーの成長の予測をしなくてはならなくなる。だが、前述のように、予想外のメンバーが伸びてきたりするなど、アイドルの成長の予測というものは非常に難しい。そのため、その予想外に対応するために柔軟な編成が必要となる。

この点でも、ＡＫＢは個別メンバーの集合体のようになっているので、伸びてきたメンバーの起用回数を多くすればいいだけである。成長の変化に容易に対応できるのだ。

要点戦の場合、大きな成果を短期的に求めるものであるので、「その場で使う感覚」であろう。なので、必ずしも、長期的な成長に適応する必要はないのだ。

後藤真希さんの場合でも、広末涼子さんの場合でも、その時点に存在していた後藤真希、広末涼子という人物がヒットしたのであり、彼女らの成長や推移というものは当時の人たちはまったく関心がなかった。成長の軌跡という事項は芸能人としての彼女らには存在していなかったのである。

二波三波

要点戦では一度に大きな成果を挙げることが可能なので、最初の一波で決定的な一打を決めることができれば、それで十分に成功できる。

「モー娘。」で言えば、ＡＳＡＹＡＮは当時、若年層のかなりの部分が関心を持っていたから、そこで世間にワンポイント印象付けることができれば十分だったのだ。

だが、漸進戦において興味は集中しないので、一波に続いて、二波三波と攻勢を続けなくてはならない。

個人・一つのグループで成功するならば、一波でもいいだろう。この場合、単体のタレントを売るのと同じ要領になる。だが、組織的に成功するならば、二波三波は必須事項だ。

連鎖の条件

この点において、まず、人数が必要となる。一波で誰かが成功しても、別の誰かが、続いて成果を挙げないと、知名度を上げることはできない。

要点戦の場合、最初の一波で要点をつかめばいいので、少人数でも上手くいくことは可能である。だが、漸進戦ではそうはいかないのだ。

前述のように、一つの単位だけならば、連鎖なしでも成功は可能である。実際にもクロのように5人でも上手くいくことはあるから、少人数でも絶対に成功が不可能というわけではないだろうが、二波三波を作り出す上で、非常に難度が上がることは事実であり、組織的な成功に至ってはさらに程遠くなる。

AKBは非常に大人数であるので、二波三波を作ることは人数面では容易である。

そして、実際にメインメンバーからサブメンバーまで、波の連続攻勢を作り出している。

また、組織編成上も柔軟に人数調整が利く方が、選択肢が増えるので有利だ。そして、AKBはこの点でも容易である。

これに対し、ハロプロは少人数ではないだろうが、AKBに比べれば小さい組織であるし、組織編成上も柔軟性がない。これは漸進戦においては不利点になる。前述のように、ハロプロにも一波は存在する。道重さゆみさん、鈴木愛理さん、嗣永桃子さんなどである。だが、二波三波が存在しない。

初期「モー娘。」の時代とは大きく状況が異なるのだ。「層の厚さ」がモロに影響する時代なのである。

人数だけでなく、メンバーの起用法も漸進戦に合わせる必要がある。

要点戦の場合、必要な要点で決定的な一打を繰り出すことが重要だから、主力級の人物がいる「エース」でいいのかもしれない。

だが、漸進戦の場合、いくつも攻勢をかける必要があるから、それぞれが異なった役割を持つ「役割分担」の方が機能する。偏重人事よりも分散人事の方がいいのだ。S級の人物が1人いるよりも、A級の人物が2、3人いた方が有利なのである。

そして、ＡＫＢの役割分担的な人事は、二波三波の連鎖を生みだすのにはもってこいだ。

ちなみに、ここでも着目したいのがジャニーズである。

ジャニーズはＡＫＢほどには大組織ではないし、組織編成上も通常のグループの集団かもしれないが、一部のメンバーに力点が偏っているか、それとも、分散されているかと言えば、分散されていると言えるだろう。

既に解散してしまったＳＭＡＰは中居さんと木村さんがメインと言えばメインであったのだろうが、他の稲垣さん、草彅さん、香取さんも2人に負けないくらいの活躍をしていた。

また、最近、ジャニーズで最も人気のある嵐などは、それこそ全員平等だろう。

ジャニーズは組織の点では二波三波を作り出しやすいわけでないだろうが、人事の点では作りやすいものとなっているのだ。

要点戦から漸進戦への移行は、影響力の維持という点でも変化が生じている。

かつては、世間の注目を大きく集めることができれば、その効果をかなりの長期間、享受することができた。音楽においても、1曲でもヒット曲を出したアーティストは、その名声をかなりの長期間、保持することができた。

だが、最近、よく分かりやすいのがYou Tuberなのであるが、人気のYou Tuberは一度大きなヒットがあるというよりも、安定的に作品を作ることができるタイプの方が多い。

これは、皆の興味が集中していれば、その集中点に入った時の効果は絶大だが、集中していないと、入ってもさほど効果はないからである。

実際に、かつてヒット曲を出すということは、世間の人達のかなりの部分に曲を聴いてもらえる。またはCDを買ってもらえることを意味した。

だが、現在、動画か何かが話題となっても、見ていない、または話題となったことも知らないという人は多い。知ってもらえてそうで、実はそうでもなかったりするのだ。

これも後藤真希さんが分かりやすいのであるが、後藤さんがモー娘に所属していたのは、約3年間である。その後、ソロ活動に移行したのだが、家族の不祥事もあり、好調とはいいがたい。言い方が悪ければ、好調の期間よりも、不調の期間の方が長いのである。だが、結婚を発表した時には、結構な注目を集めた。これは要点戦の場合、短期間でも大きな成果を収穫することができるからだ。

現在、3年そこらのアイドル活動で、その後、長い不調が続いて、結婚などで注目を集めるのは不可能であろう。同じものを収穫するには、おそらくは10年近くの時間が必要だ。

漸進戦においては、「大きな一撃」よりも、「小さな連鎖」の方が重要である。これを作りだせるかどうかは、勝敗の分かれ目の一つなのである。

旧世代の戦略

ハロプロは組織といったものだけでなく、戦略そのもの要点戦の時代のままのように思える。

２０１５年の℃-uteの広告に「今さら、℃-uteを知らないなんて。」というキャッチコピーの入った広告があった。これはまさに、世間の関心を引くことを狙ったキャッチコピーであり、要点戦の思想が感じられるものである。

また、フレッシュな新兵ではなく、ファンのついた古参兵中心で闘うこのご時世に、Berryz工房、℃-uteは活動停止・解散というのも、以前のいきなり現象時代の考えである。現在は鮮度よりも熟成の方が重要なのだ。

そして、最近のハロプロは、作曲者を変えたり、アイドル調の曲を増やしたりと、ヒット曲を出せば状況が変わると思っている節がある。

だが、この戦略は二重の意味で間違いだ。一つが、音楽にそこまでの力はもはやないということ。もう一つが、要点的戦略ではなく、漸進的戦略、積み上げや二波三波の連鎖などが必要だということだ。

精鋭部隊

こう見て思うのが、℃‐uteというのは、前時代用のグループであったということだ。

まず、圧倒的な音楽パフォーマンス能力、これは音楽が全盛期の頃には非常に役に立った能力だろう。また、第一印象ではほぼ高い評価がつきそうな非常に高いルックス、これも興味の集中点に送り込まなくてはならない要点戦においては、重要な能力であろう。

℃‐uteは第一印象として、「誰が見ても非難の対象になりにくい」という特色があった。パフォーマンス能力が高いから、「学芸会レベル」といった批判はされないだろうし、ルックスも一般的に見て、「キレイ・カワイイ」といった評価をもらい

℃-ute

やすいと思われる。これはライトユーザー相手の要点戦においては有利だ。

だが、ヘビーユーザー相手となると、それぞれの好みがあるから、℃‐uteタイプのアイドルが好きな人にしか通用しない。℃‐uteは一般的なアイドルとは異なったおねーさま的な雰囲気であった。かといって、無理やり一般的なアイドルに変えても空回りするだけだったろう。

℃‐uteは音楽中心のアイドルグループでは、おそらくアイドル史上最強のグループである。少し前の時代であったならば、間違いなくアイドルのトップに立ったと思われる。前の時代にAKBと闘ったならば、それこそ一撃で葬った可能性も否定できない。

逆に言えば、それが℃‐uteが思ったほど売れなかった、℃‐uteはすごいのに売れないと言われ続けた理由でもある。今現在では、もっと他に必要な要素があるのだ。もし、音楽主体じゃなかったら、もっと売りようがあったかもしれない。だが、それでは℃‐uteじゃないのだ。

「トップではない精鋭部隊」、時代を代表するアイドルにはなれなかったかもしれないが、アイドル史に残る精鋭たちである。

究極奥義

ＡＫＢは漸進戦に高度に適応したアイドル集団である。ＡＫＢがアイドルの中心に位置したのは、偶然ではないのだ。

ＡＫＢは多分野において展開している。そして、二波三波と連鎖攻勢をかけている。広範囲にわたって絶え間ない活動をしているのだ。

そして、その非常に多い活動量の効用を最大限に回収するのが、ＡＫＢのブランド戦略である。ＡＫＢがグループ名で統一感があり、人々がＡＫＢブランドを認知しやすいことは前述した。

その認知されやすいＡＫＢブランドでもって、あらゆるところで絶え間ない活動が行われる。ＡＫＢという名前がどこでもいつでも登場する。それは人々にＡＫＢというものを否が応でも目に焼き付ける。そして、ＡＫＢはアイドルの中心、いや、日本文化の中心となっていく。

要点戦の場合、要点に仕掛けることができれば、後は勝手に人々に認知されていく。「モー娘。」のＡＳＡＹＡＮがまさにそれだ。

だが、漸進戦の場合、そもそも一度で大きく認知されることは難しいから、徐々に活動していくことになる。そして、その一つひとつの活動の効果を最大限に高めるのが、ＡＫＢのブランド戦略なのである。

この「多分野展開」＋「二波三波の連鎖攻勢」＋「ＡＫＢ式ブランド戦略」、これは劇場、握手会、総選挙と並ぶＡＫＢを日本文化の中心に押し上げた非常に重要な要素である。

この戦法の完成度の高さは近年のエンターテイメントの中では群を抜いているだろう。後世になっても研究の対象にできるようなものである。

まさに、究極奥義だ。

時代の鏡

アイドル文化に対して語られる言説というのは、その時代を反映するものとなっている。

「モー娘。」が全盛期だった頃、よく「つんく♂氏の見る目」というものが語られた。これはつんく♂氏の能力を賛美したものだろうが、別の視点から見ると、作る側から

WIN

仕掛けることを示している。

逆に、AKB系は「成長の物語」のような文脈で語られることが多いが、これは長期スパンで見られていることを示しており、漸進戦の特色を表している。

「モー娘。」の頃はそのような言説は一般的に語られることはなかった。彼女らは成長しなかったのか？　そんなことはあるまい。彼女らは彼女らで一つひとつの経験から成長していったはずだ。ただ、あの頃は成長というものをエンターテイメントの主題にはできなかったのである。

また、「モー娘。」とAKBのそれぞれの代表曲からも、それぞれの時代のアイドルの環境を読むことができる。

「モー娘。」の代表曲は『LOVEマシーン』だろう。

このLOVEマシーンはまさにつんく♂氏とASAYANから仕掛けられたものであり、完全に作る側から主導されたヒットだった。

また、後藤真希さんはこの曲でのデビューであったが、センターの位置で歌い、いきなり注目を集めたのだった。加えて、後藤さんはこの直後に、副次的ユニットであるプッチモニに参加し、『ちょこっとLOVE』でミリオンセラーを出している。

このLOVEマシーンは当時の「モー娘。」の最重点と呼べるべきもので、「モー娘。」は音楽が主体のグループであったことを示している。

ＡＫＢの代表曲は『恋するフォーチュンクッキー』だろう。

この曲のヒットはＡＫＢの今までの積み重ねの上に成り立っており、数々の握手会やグラビア出演、それこそ、その時点では辞めてしまっていたメンバーなどの活動も含めて、成り立ったものである。

この曲のセンターを務めた指原莉乃さんはスキャンダルでＨＫＴへ左遷などのトラブルもあったが、それにもかかわらず捲土重来の如く巻き返し、1位に輝いた。『恋するフォーチュンクッキー』はＡＫＢを代表するものの一つであろうが、ＡＫＢには握手会やグラビアなど他にも重要な活動は多々あり、どれが重点なのか定めがたいものである。

両曲とも社会現象にまでなった曲であるが、まさに、それぞれの時代を示していたのである。

小さな変化と大きな成功

以上、時代環境の変化とＡＫＢの台頭を書いた。

ＡＫＢの時代的な意義を考えると、時代の変化に上手く乗って台頭したアイドルグループということになるのだが、前述したようにこれらの変化は過渡期である。だから、変化の度合いとしては、まだ、小さな変化だと言える。これからもっと大きな変化を迎えるだろう。

最初にＡＫＢは既存の文化体系であると書いたが、まさに、彼女たちは既存のアイドルがやっていたことを改良したに過ぎない。

「曲を出す」「グラビア」「テレビ」……これらは何ら新規性などない。握手会も過去にあったことはあった。劇場でやっていることは通常のアイドルと何ら変わりはない。今までなかったのは総選挙くらいか？

それらの活動の重点を変える、組織編成を変える、そういった変化をつけたものがＡＫＢである。

しかし、ＡＫＢは空前の成功を収めた。

よく、ＡＫＢから学べることという視点で論じられることがあるが、以上のことを考えると、ＡＫＢから学べることの一つに「小さな変化でも、これを利用すれば大きな成功を収めることができる」ということが挙げられるだろう。

戦略などない

もう一つ、ＡＫＢから学べることがある。

秋元氏が『ＡＫＢの戦略！　秋元康の仕事術』の中で、「ＡＫＢには戦略がない」と言っている。

これは本心ではないかもしれない。だが、ＡＫＢは確固たる戦略の元に作られたかというと、そうでもなさそうだ。

そもそも、目の前にある出来事というのは、その時代の要因というものを必然的に含んでいるはずである。だから、それをこなしていくことは時代に合わせることでもある。

握手会の評判が良ければそれを続ける、選挙を思いつき、実行できそうだったらば、やってみる、グラビアが知名度を上げていそうであれば拡大する……。

ＡＫＢから学べるもう一つのことは「戦略がなくても、目の前の出来事をこなし、一歩一歩前進していけば、上手くいくことができる」ということだ。

第3章　ＡＫＢのコ・レ・カ・ラ

女神たちの課題

ＡＫＢはアイドル界、および日本の芸能界の頂点に立ったのであるが、今後はどうなるのであろうか？

頂点に立ったとて、まったく課題に直面していないというわけではない。それは解決しなければならないし、克服しなければならない。それを怠れば、頂点の地位から転げ落ちるだろう。逆に、乗り越えれば、その頂にとどまることができるはずだ。

ここではＡＫＢおよび他のアイドルグループが留意すべきことなどを書くが、一つ注意して欲しいことがある。

それは、「アイドルを取り巻く環境が変化しない」ということを前提として書くということだ。当然のことながら、環境が変化すれば、成功の方程式がまったく変わってしまう。もちろんそれは、いつかは来るのだが、ここでは考えないものとする。

敵は誰か？

目下、最大勢力を保っているＡＫＢであるが、これを脅かす存在は今のところは現れていない。

今後もそうとは限らないが、この際に注意しなくてはならないのが、個人や1グループで人気を得るアイドルたちが現れたとしても、それはほとんど問題がないということだ。

これは実際に、ももクロの人気が非常に高まったが、ＡＫＢがトップであることに何ら影響がなかった事実を見れば、分かりやすいだろう。結局、ＡＫＢほどに巨大化してしまうと、多少、ファンを取られようが、かすり傷程度にしかならないのである。

ＡＫＢが警戒しなくてはならないのは、組織的に活動できるアイドル集団である。相手が組織的に活動できれば、その地位を奪われる可能性があるのだ。

この点から考えると、現在、ＡＫＢのライバルの最右翼は何なのかと言えば、やはり、ハロプロなのである。後は、スターダストやエイベックス系のアイドルがどうなるか、また、２０１５年あたりから台頭した仮面女子、２０１６年あたりから台頭した「原宿駅前パーティーズ」がどうなるか、だろう。

スターダストやエイベックス系のアイドルは売れている人もいるのだが、全般的にシステム化されていないように思える。スターダストアイドルシステムやエイベックスアイドルシステムと言われても、いまいちピンとこないだろう。単に、同一の事務所のアイドルグループといった感じでしかない。システム化されていなければ、組織戦はできない。

対ＡＫＢ戦の行方を決めるのは、一にも二にも組織力とシステム力だろう。

食傷気味

現在、ＡＫＢが直面している問題の一つに「飽きられはじめてきた」というものがある。

もっとも、これはエンターテイメント関係においては、避けられないことである。

加えて、ＡＫＢは２０１０年代前半にアイドル界をＡＫＢ一色に染め上げ、グラビアでコンビニや本屋まで占拠してしまったのだから、食傷気味になっても、仕方がないと言えば、仕方がないだろう。

ただ、ＡＫＢにはこの飽きられるという点で、非常に危険な要素がある。それはＡＫＢ式のブランド戦略についてだ。

ブランドはブランド内のものへの様々な波及効果があり、ＡＫＢの統一されたブランドはそれを強化していることを前述した。

ＡＫＢはそれを使って、ＡＫＢの名前を浸透させていたのであるが、逆に言うと、飽きられるということも、波及効果によってすばやく浸透してしまうのだ。ＡＫＢという文字は食傷気味、だから、その系列のグループ全部食傷気味という感じになってしまうのである。つまり、今まで使っていた秘密兵器の一つが、今度は自分たちにその刃を向けてしまうのだ。

だが、これは回避のしようがない。今まで使っていたのだから、どうにもならないのだ。

しかし、ＡＫＢにとって幸いなのが、現時点で強力なライバルがいないということだ。

ハロプロがＡＫＢ相手の最右翼と書いたが、それでも、現時点では非常に大きな開きがあり、すぐに埋め合わせができるようなものではない。長年に亘って構築されたハロプロシステムがあるものの、Ｂｅｒｒｙｚ工房、℃‐ｕｔｅは活動停止・解散で、他には若年メンバーばかりであり、多分野展開能力を相当に低下させてしまっている。もし、ＡＫＢに匹敵するような、強力なライバル集団がいた場合、非常に危険な状態になるだろう。飽きがきたところで、地位を奪われてしまうのである。

また、ＡＫＢに飽きがきたということに加えて、「アイドル自体に飽きがきた」という状況もある。これも同じで、00年代後半から10年代前半に亘って、アイドルが乱立しすぎて、世間が食傷気味になり始めているからだ。

この点から考えると、もし、本格的に世間がＡＫＢに飽きがきた場合、アイドル界は互いに決定打を欠く膠着状態のような様相を呈するのではないか？　ＡＫＢ自体に勢いがないが、他に対抗できるような勢力もなく、世間の関心も薄れてきた。ある種の厭戦気分で空回りのような状態が蔓延するのである。

古きを尊ぶ

ＡＫＢの側も飽きられることへの危機感はあるようで、積極的に世代交代を図っているようだ。

だが、これは基本的によろしくないと思われる。

まず、「モー娘。」の人気が凋落した理由の一つに人気メンバーを辞めさせたことが挙げられている。この手の失敗に前例があるのだ。

加えて、前述のように、漸進戦においては、新規のメンバーでいきなり人気を出すことは非常に難しい。

ジャニーズを見ても、新陳代謝のために、ベテランを退けるということはやっていない。塗り固めるように層を厚くするやり方の方が良さそうだ。

そもそも、人気メンバーを立て続けに出すということは不可能であろう。ジャニーズだって毎年、新しい人気アイドルを出すなどということはできていない。むしろ、AKBはその点で稀有な成功例だ。

競い合う

なぜ、AKBが世代交代を焦るのかというと、AKBは内部での競争を積極的に推し進めているからである。メディアでの登場から、握手会に来る人の数や総選挙の投票数のように、具体的な数値が出るものまである。

上位メンバーが固定化されてしまうと、見ている側もやっている側も面白くないだろう。だが、毎回、順位が大きく変動するのも難しい。各メンバーについているファンがあっちこっちに「推しメン」を変えるとは期待できないからだ。

だから、上位メンバーを定期的に卒業させなくてはならなくなるが、それは強力な持ち駒を捨てるということでもあり、そのジレンマに悩むことになるのだ。

新規と追加

卒業問題はグループの構成と密接な関係がある。

アイドル集団の場合、新たなメンバーが入ってきた場合、彼女らが所属するグループを用意するわけだが、この際に、「新規にグループを立ち上げるか」「既存のグループに追加投入するか」の二つの選択肢がある。この二つのメリット、デメリットを見てみよう。

追加投入の場合、まず、新規のグループを立ち上げる労力が必要ないというメリットがある。

次に、新しく入ったメンバーは既存のグループの知名度を利用して、初めからある程度の知名度をもった状態でスタートできるという点もある。

また、新人は能力的に低い状態から始まるわけであるが、これが既存のメンバーでカバーできるという点もある。

そして、グループを立ち上げるには複数人が必要であるため、1人だけで立ち上げることは不可能である。だが、追加投入ならば、1人だけを投入したり、複数人を徐々に投入したりと、投入に柔軟性が出てくる。アイドルデビューさせると言っても、ある程度のレベルを超えた人を用意しないと、デビューさせることはできない。投入に柔軟性があることはこの点でも利点がある。

さらに、近年の音楽文化は曲とアーティストが一体化しているため、そのグループはそのグループ用の曲というものを持っていなくてはならない。そのため、新規のグループの場合、曲も新たに用意しなくてはならないが、既存のグループに入ってしまえば、そのまま新しいメンバーもそれらの曲を使えるわけだ。

このメリットを一番享受しているのが、「モー娘。」である。「モー娘。」の昔の曲となると、当時のメンバーは今では誰もいないのであるが、同じ「モー娘。」のメンバーとして、今のメンバーのその曲の使用に正統性が与えられているのである。

グループを新規に立ち上げる場合、追加投入のメリットが逆にデメリットになる。新たに立ち上げる労力が必要となるし、知名度はないし（ブランドによって与えられることもある)、基本的に新人なので能力が全員低い状態であるし、必ずある程度のレベルの人を複数人用意しなくてはならないし、曲も用意しなくてはならない。

一方で、メリット、デメリットの判断が難しい部分がある。それは年齢差である。新規立ち上げは同年代のメンバーが集まりやすいだろうが、追加投入の場合、年齢差がある構成になりやすい。これは一長一短で、それぞれの特色をどのように使うのかが、ポイントとなるだろう。

一方で、新規立ち上げのメリットはなんだろうか?

まず、新たなコンセプトでグループを作ることができるということだ。新たに立ち上げたグループは既存のグループとは異なったコンセプトで作ることができる。そのため、多様性の確保という点で勝っている。

そして、もう一つメリットがある。それが競争の緩和だ。

内部での競争というのは、単位を基準に行われる。ブランドならそのブランド内でどのグループが一番か、誰が一番か、グループならばそのグループ内で誰が一番か、という具合だ。

この際、グループが一つの場合、一番は1人しかいないが、二つの場合、2人いることになる。だから、グループ数が多い方がスポットライトを浴びる人の数が分散されるのである。

もちろん、これはグループ構成の話だけであって、メンバー間に差をつけるか、平等かという実際の運営方法も関わるから、グループ構成だけで結果が見えるわけではない。だが、グループ構成だけの話に限って言えば、新規立ち上げでグループ数を増やした方が、スポットライトを浴びる人の数は増えるのである。

ここで各アイドル集団を見ると、ＡＫＢは新規立ち上げと追加投入を同時に行っている。ハロプロも同じだが、「モー娘。」やアンジュルムのように追加投入を積極的に行っているグループとＢｅｒｒｙｚ工房のようにまったく追加投入のなかったグループが混在している。

そして、注目したいのがジャニーズである。ジャニーズは追加投入を基本的に行っていない。そして、前述のように、メンバーを長く使うことができている。これは、まず、男女の違いがあるのだが、もう一つの要因として、競争をさせていないからというものがある。競争がないから上位陣の入れ替えというものも必要がない。だから、メンバーを長く使うことができるのである。その無競争を支えているのが、平等的なメンバーの起用法とグループの新規立ち上げの重視なのだ。

昔の「モー娘。」が人気メンバーを卒業させなくてはならなかったのも、ハロプロに新規立ち上げの習慣が定着しておらず、卒業という選択肢しかなかったからだ。

仲良くする

ＡＫＢはこの競争問題にどう対応するべきなのか？

新規立ち上げを連続して行えばいいのだろうか？　それは無理だろう。

ＡＫＢは大人数であるため、ただでさえ遊兵のようなものが多い。これにさらに新規立ち上げを行いまくれば、さらに遊兵が増えて、無駄の極みになる。

また、ＡＫＢ、ＳＫＥ、ＮＭＢ、ＨＫＴなど、地域型のグループは長期的にやることが前提となっているだろうから、どうしても追加投入が必要となる。

ただ、競争システムは緩和させる必要があるだろう。

特に総選挙である。総選挙はＡＫＢを押し上げた原動力の一つであろうし、ドル箱になっていると思われるので、手を加えにくいかもしれないが、そろそろ改良を加える時期に来ているだろう。

例えば、毎年ではなくて2、3年に1回にする、1位を取った人物は次回から立候補できない、メインメンバーの立候補に限っては、乃木坂を含めて各グループから何人かピックアップし、毎年異なった顔ぶれで行う……など、何らかかの手を加える必要があるだろう。

ずらしの芸術

ＡＫＢはそのブランド内にいくつものグループを持っているのであるが、これを効果的に運用するにはどのようにすればいいのであろうか？

前述のように、共通点を作り、ブランド力を高めるというやり方は一つのやり方だ。だが、あまりに同じ過ぎると、多様性がなくなって面白味がなくなる。しかし、あまりに違いすぎると、今度は同ブランドとして機能しなくなる。

この相反する共通性と差異性を上手く両立させることができれば、劇的に機能するだろう。上手く両立させるにはどうしたらいいのだろうか？

一つのやり方として、同じ部分を共有しつつ、微妙な点で異なればいいだろう。言ってみれば、「ずらす」のである。

実はＡＫＢ系はこのずらすということを既にやっている。では、そのずれたグループはどこか？　それは乃木坂である。

NOGIZAKA46

乃木坂は従来のグループ名と微妙に異なり、地名を略したアルファベットと数字ではなく、地名そのままと数字となっている。だが、ＡＫＢ系であることは誰が見ても一目瞭然だ。また、組織編成は他のＡＫＢ系と同様であるが、コンセプトがお嬢様風と微妙に異なっている。

そのため、ＡＫＢブランドの恩恵を最大限に受けつつ、独自色を打ち出すことにも成功、共通性と差異性を両立させているのである。乃木坂は「ずらしの芸術作品」なのだ。

ちなみに、ＡＫＢ系のチームＡ、チームＫ、チームＢなどの各チームが目立たないのは、違いが分からないからある。それらは、ずれていないのだ。

ＡＫＢと似たような形態をとるグループに「原宿駅前パーティーズ」がある。原宿駅前パーティーズはそのグループ内にさらに小グループをいくつかもっていて、「ブランドとその中の各グループ」というような形態と同じようなものとなっているが、その小グループは純アイドル系の「ふわふわ」、モデル系の「原宿乙女」、ダンス系の「原駅ステージＡ」、同じくダンス系だが、アクロバットを取り入れた「ピンクダイヤモンド」と共通点が薄い。それらは、離れすぎているのだ。

独占供給

そして、その乃木坂は近年、躍進を遂げていて、「ＡＫＢ本体を超えた」などと言われるようにもなっている。

乃木坂の躍進の要因にはルックス面がよく挙げられる。元々ルックス面で良いメンバーが集まったというより、その風土の方が重要ではないか、ということを前述したが、乃木坂の躍進の要因の一つが、この風土である。

そして、もう一つの要因が、このお嬢様というコンセプトが他のＡＫＢ系では見られないので、乃木坂が独占的に供給できているということだ。

他のＡＫＢ系のグループを見れば分かる通り、決して人気があるメンバーがいないというわけではない。渡辺麻友さん、指原莉乃さん、山本彩さん、柏木由紀さん、松井珠理奈さん、宮脇咲良さん……など、むしろ、いくらでもいるのである。

だが、それが各チームに分散してしまっているので、一つひとつは弱体化しているように見えるし、コンセプトが似ているので、相対的に目立たなくなる。

だが、逆に、乃木坂はそれらが集中しているので、強いように見えるし、目立つのだ。

だから、構成がまったく逆で、お嬢様のコンセプトのグループがほとんどで、今のＡＫＢ、ＳＫＥ、ＮＭＢなどのコンセプトのグループが一つしかなかったら、結果は逆になるだろう。「他のグループはお嬢様っぽくて、堅苦しいが、あそこだけは、明るい感じがしていいね」などと言われるに決まっているのである。

だが、最近、乃木坂と同様のコンセプトの「欅坂46」が結成されたので、乃木坂もうかうかしていられないだろう。

そして、ＡＫＢ系は次にどんなコンセプトのグループを作るのか？　体育会系や進学校系でも作るのだろうか？

海外にも進出しているので、そちらからの逆輸入もあるのか。上海のＳＮＨ48はＡＫＢとのトラブルなどもあった。ＳＮＨの人気メンバーはＡＫＢ的な可愛さがあるが、日本の人気メンバーよりも全般的に身長が高く、異なった趣のようだ。これは日中の感覚のずれであろうが、これはこれで面白いものである。

文明開化

ちなみに、このずらしの芸術は他にも見られる。それはファイナルファンタジーだ。言わずと知れたファイナルファンタジー（以下ＦＦと表示）は日本を代表するゲームであるが、特に評判がいいのが6と7である。

6では、従来にはなかったものがゲーム内に存在している。それは「機械」である。5までのＦＦは中世的な雰囲気の中の剣と魔法の世界であり、機械というものは基本的になかった。厳密に言えば、飛空艇があるので、まったく存在しないわけではないのだが、基本的な世界観は中世的な雰囲気に剣と魔法というものだったのだ。だが、6で大々的に機械というものがその世界に導入された。この剣と魔法と機械という世界観は従来のＦＦの世界観とは異なるものだった。

次に7であるが、7でも機械は再び登場した。それに加えて、今度は我々が着ているような「洋服」が登場した。従来のＦＦのキャラクターが着るものは鎧兜である。さらに言えば、法衣のようなものも加わるか。グラフィック上では服を着ていても、ゲーム内の装備品できちんと鎧兜を着装させられる。だが、7のキャラクターが着ているものは、我々と同じような洋服である。また、ゲーム内でも鎧兜は存在しない。また、6の雰囲気は中世的なものであったが、7の雰囲気はどちらかと言えば近代的なものだった。この剣と魔法と機械と洋服はさらに異質な世界観を我々に提供した。

このFF6と7においても、従来の剣、魔法、召喚獣などの共通点を持ち、FFというものを強調しながら、機械や洋服などを使って独自性を生み出している。6と7はストーリーにおいても良いものがあり、それが評判の良さにつながっているのであるが、このずらしの芸術という点でも、見るべきものがあるのだ。

その後、この機械も洋服もFF内では何度も使われ、当たり前のものになっていく。これは乃木坂に続いて、欅坂が生み出されたのと同じようなものであろう。

仲間同士

乃木坂はAKB本体を超えたなどと言われているが、AKBブランドの恩恵を受けた上での成功ということを忘れてはならない。他のAKBグループの成功があり、その知名度がある状態でスタートできたことは揺るぎない事実である。

これはFF6と7の成功がそれまでのFFの成功の上に成されたものと同じだろう。

それは成功した現段階でも同じで、ＡＫＢの成功は乃木坂に好影響をもたらし、乃木坂の成功はＡＫＢに好影響をもたらす。ＡＫＢは勢いが落ちてきたと言われるが、その間に乃木坂がＡＫＢブランドを維持することも可能なのだ。これは同一ブランドの元にあるから当たり前である。乃木坂はＡＫＢのライバルという設定だが、現実は同一ブランドの元にある仲間同士なのだ。

だから、一番危険なのは互いに食い合うことである。これは乃木坂だけでなく、すべてのＡＫＢ系グループに言えることだ。これを防ぐにはどうしたらいいだろうか？

もちろん、実際の運用で他のグループの利益を侵害しないようにすることは大切だろうが、やはり、コンセプトをずらすことは確実に効果のあることだろう。提供するものが違えば、それを求める人も異なるからだ。

また、乃木坂内でも、ＡＫＢ超えなどということは意識せず、あくまで、自分らはＡＫＢブランドの一員であり、それを拡大することが使命であると胸に秘めることだ。

これを忘れると、後年に「ＡＫＢは大規模化したが、統合運用に失敗し、衰退した」などと書かれかねないだろう。

信仰の誤り

ＡＫＢはＡＫＢでいくつかの問題や課題に直面しているのだが、他のアイドルグループはどうだろうか？

まず、挙げられるのが、「美少女信仰」についてである。アイドルは10代半ばから後半にかけてが全盛期であり、人形のような可愛らしい容姿がベストであるという信仰だ。

だが、前述のように、現在アイドルとして本格的に活動できるのは、20歳前後からというのが主流であり、また、可愛らしい容姿でなくてはならないということもない。それはＡＫＢが示しているし、乃木坂でも同様だ。

しかし、この信仰は相当に根強く、皆が抜けきれないでいる。現実に教養が追いついてないといったところか。

ハロプロがＢｅｒｒｙｚ工房と℃‐ｕｔｅを活動停止・解散させ、若返りを図っているのはその証であるし、ハロプロがデビューさせてくる人は美少女系が多い。

また、℃‐ｕｔｅが解散理由の中で「メンバー全員が20歳以上になったタイミングで……」と書いている。これが本心かどうか不明であるが、少なくとも、理由に書いてくるということは、20歳はアイドルの区切りという意識が大なり小なりある証拠である。

実はBerryz工房も活動停止の説明の中で、「みんな20歳を超え成人した今……」と説明している。これも本心かどうか不明だが、20歳はアイドルの区切りという意識がある証拠である。

AKBのメンバーならば、嘘でも本当でも、20歳を超えたことを卒業の理由に挙げることなどないだろう。おそらく、年齢を意識するとしたら、25歳くらいなのではないか？

だから、現実的にBerryz工房も℃-uteも少なくとも年齢を理由に活動停止・解散する必要はなかった。℃-uteで最年長の矢島舞美さんは2017年2月で25歳である。25歳は一応、節目ではあるものの、小嶋陽菜さんは2017年4月に29歳だから、まったく無理な年齢ではない。

他のスターダストやエイベックス系も10代前半から半ばくらいでデビューさせているので、ハロプロと感覚は似ていると思われる。

AKBだけ年齢の感覚が異なるのだ。

美少女の中の美少女である渡辺麻友さんも総選挙で1位を取ったのが、実年齢で20歳、学年計算で21歳の時である。まゆですら20歳を超えないとトップに立てないのだ。

また、渡辺さんは最近、カワイイ系から美人系へと変化を遂げているが、これはこれで高い評価を受けている。年を取れば取ったなりのことをすればよいだけなのである。

そのため、ＡＫＢ・その他グループ問わず、卒業の年齢、本格的に活躍できる年齢といったものを見直す必要がある。実際のところ、今の時代は、アイドルは20代後半から30歳くらいまでできると思われる。だから、まずは、卒業の年齢の平均をその辺に設定し直した方がよいだろう。

そして、これに合わせて、活躍できる年齢も上がってくる。ここで注意したいのが、新規で立ち上げたグループと追加投入したグループの違いだ。新規立ち上げの場合、上の年齢のメンバーがいないため、20歳前後で、活躍できるメンバーは活躍できるのであろうが、追加投入の場合、上の年齢のメンバーがいるため、それに遅れがでてしまう。かといって、それを焦って、無理やりにメインメンバーを卒業させまくれば、グループを衰退させてしまう。ここは多少の辛抱が必要だろう。

美少女信仰から美女信仰への改宗が必要だ。

収穫する

音楽はもはや大きく衰退し、期待はできない分野であることを前述した。だから、それ以外の分野での活路を求める必要がある。

音楽以外の分野でアイドルが進出しやすい分野は何かというと、やはり、グラビアだろう。また、グラビアは前述のように、世間の人たちの目に触れやすいなどの効果もある。最近のアイドルは、グラビアで注目を集め、その他の仕事に展開していくというものが必勝パターンとなっている。ＡＫＢのメンバーもこのパターンが多いだろう。

そうであるとすると、グラビアに向いたメンバーがまず先兵として有効であるし、必要である。複数グループを持っている場合、グラビアに向いたメンバーは分散配置するなどの工夫はあってよいだろう。

また、アイドルの評価として、曲を歌う時に「センター」に配置されるかどうかというものがある。これは以前は重要な価値を持っていた。しかし、現在ではさほどの価値はないと見てよい。実際に、乃木坂の橋本奈々未さんは人気メンバーの1人であったが、卒業前に1回センターを務めただけであった。現在では他にもアイドルとしての活躍の方法があるので、それに固執する必要はないのである。

音楽に期待はかけられないとなると、昔よくあった、「ヒット曲出して有名人」ということも期待できない。

ただ、ライブやコンサートなどに音楽は使うから、まったく必要がないとは言えない。ここが難しいところである。一要素として考えればいいというところだろう。

また、種々の活動をして、その結果、知名度が上がり、CDが売れるという集大成のような性質も持つようになっている。近年のCDは握手券など付いているのだが、これを買う側が欲しがるようにするまでに、数々の積み重ねが必要なのだ。

柱となるもの

AKBその他グループの明るい・楽しい女の子、乃木坂や欅坂のお嬢様的なコンセプトに対し、他のアイドルグループのコンセプトはどうだろうか？

これが一番迷走しているのは、現在の「モー娘。」だろう。初期の「モー娘。」は

「楽しい女の子・おねーさん」のような現在のAKBと同じような印象があったが、途中から、「アイドル界トップクラスの歌・ダンスの集団」というものに変わり、現在、これが薄くなっていって、コンセプトが不明のグループと化しつつある。

むしろ、初期の「モー娘。」のコンセプトを受け継いでいたのは、Berryz工房だろう。℃－uteがそれこそ「モー娘。」以上にアイドル界トップクラスの歌・ダンスの集団というコンセプトだったから、「ハロー！プロジェクト・キッズ」から生まれたそれぞれのグループの片方が初期ハロプロの思想を受け継ぎ、もう片方が後期ハロプロの思想を体現していたことになる。

また、純アイドル路線にするというのは、アイドル調の曲を歌うということではなく、コンセプトを純アイドル路線にするということである。この点で、℃－uteも後期に迷走が見られた。

ただし、コンセプトというのを無理やり考える必要はないだろう。現実の組織・集団においても、際立った特色のある組織・集団もあれば、特色のないニュートラルな組織・集団も存在する。なければないでも、なんとかなってしまうのだ。

AKB系列においても、AKB、SKE、NMB、HKTなどは、どちらかと言えばニュートラルなグループであるし、乃木坂、欅坂は特色がはっきりしたグループである。だが、どちらも成功している。

ハロプロでも、「モー娘。」の場合初期はニュートラルなグループであったが、だんだん、高度なパフォーマンスという特色を持ち始めた。他のグループでは、℃-uteは後期の「モー娘。」以上にその特色があっただろうし、Berryz工房やアンジュルムなどはニュートラルなグループだ。

ただ、無理やり考える必要はないといっても、右往左往するのは問題だ。特色を作るなら、特色を作る。ニュートラルなら、ニュートラルとはっきり見定めて、腰を据えないと、見る側がついていけなくなるだろう。

三者の関係

このグループのコンセプトと各個人は別の要素であり、また、その組み合わせはかなり融通が利くものである。

AKBは基本的に明るい・楽しい女の子が基調だろうが、渡辺麻友さんのようにおとなしい感じの方、高橋みなみさんのようにヤンキーっぽい方、板野友美さんのようにギャル風な方、篠田麻里子さんのようにお姉さん風な方など色々といた。

だから、この人にはこのグループのコンセプトは合わないと考える必要は基本的にないし、逆に、グループのコンセプトに合わせて、極端に個人の側を変える必要もない。

確かに、合う、合わないというのは存在する。だが、それでも何とかなってしまうし、両者が別物として存在することも確かなことだ。だから、グループはグループとして考え、メンバーはメンバーとして考えるべきなのである。

既に卒業してしまったが、元「モー娘。」の鞘師里保さんはおそらくはアイドル界最強のダンス能力と闘志の感じられる雰囲気を併せ持った非常に異質なアイドルであった。もし、昔の「モー娘。」や今のＡＫＢのようなグループに鞘師さんがいたとすれば、その中で、ダンスが上手く、性格のきつそうなメンバーということになる。鞘師さんは卒業してしまったが、この最強のダンサー兼ファイターが辞めたら、「モー娘。」から感じられるコンセプトが純粋なアイドル調のものに変化したかと言えば、そうはならない。

結局、個人の性質とグループの性質は別のものだからである。個人の集大成がグループではないのだ。

また、曲とグループというのも、意外に融通が利くものである。

乃木坂に『制服のマネキン』という曲があるが、あれは通常のアイドルの曲調とは少し異なるが、何ら不自然さを感じることなく受け入れられている。

また、初期の頃の「モー娘。」も『LOVEマシーン』『恋のダンスサイト』のような明るい曲、『抱いてHOLD ON ME!』のような大人っぽさを強調する曲、『Memory 青春の光』『ふるさと』のように暗い感じの曲まで、色々と歌っていたものである。しかし、当時、それを不自然に感じることはなかったし、今思い出しても、そのようなことはない。

これは曲だけでなく、各種活動も同様だ。

乃木坂はお嬢様というコンセプトからか、水着や下着といったものを避けてきた。だが、だんだん、写真集などでそれらが披露される機会が増えてきたが、結局、自然に受け入れられている。

このグループのコンセプト、個人の性質、曲および各種活動の関係はどのように考えればよいのだろうか。

これは学校の校則や校風、各生徒、各活動に例えるといいだろう。学校によって、校則や校風というのは大きく異なったりする。だが、この校則や校風でなければ、まったく適応できないという人は現実的にはほとんど存在しない。また、この学校ではこの活動は合わない、実行できないというのも、ほとんど存在しない。学校は学校の性質が存在し、生徒は生徒の性質が別に存在し、そこで種々の活動が行われるのである。

ちなみに、アイドルのコスチュームは制服といったところだろう。これも、合う、合わないは確かにあるのかもしれないが、絶対に無理ということはまずあるまい。だから、この三者の組み合わせは非常に融通が利く。それぞれの性質にこだわって、機会を逸するべきでないだろう。

ただし、注意すべき点はある。

まず、そのカテゴリー外のものを行う際は、合う、合わないということを考えなくてはならないということである。

例えば、学生ならば、学生が行うものはどの学校が行っても、ほとんど問題はないだろう。ただし、一般的に学生が行わないものを学校で行う場合は、注意が必要である。

同じく、アイドルが一般的に行っている活動は、同じアイドルならば、誰がやってもほとんど問題ないだろう。だが、例えば、演歌を歌わせるということを行う場合は、注意が必要だ。

これは年齢なども同じことが言える。

高校生が一般的に行っていることを、同じ高校生に学校でやらせても問題はないだろう。だが、小学生しかやらないようなことをやらせれば、問題が生ずる可能性がある。

アイドルにおいても、極端な露出のあるグラビアなどは20代のアイドルには問題ないかもしれないが、10代半ばのアイドルでは問題が出てくるだろう。

次に、特色が強いグループの場合、ニュートラルなグループよりも合う、合わないということを考えなければならないということだ。

例えば、音楽や美術などの芸術系の学校で、体育で極端なトレーニングや激しい種目体育祭などをやったらば、合わないということも出てくるかもしれない。

アイドルにおいても、特色の強いグループは注意が必要である。℃-uteなどはまさにそうであったので、純アイドル調の曲を歌わせるのは注意が必要だった。前述した『我武者ＬＩＦＥ』は純アイドル調の曲で、まったく合わないということはなかったと思うが、これ以上の純アイドル路線を行ったとしたら、危険だっただろう。

組織の病

組織的に活動するためには、システムやコンセプトといったものは不可欠である。だが、これらを構築・浸透させていった結果、それが宗教のようになり、不可侵化しまうと、今度は組織が硬直状態になってしまう。

それが周囲の環境に合うならば、まだ機能はする。だが、環境が変化してしまい、別の仕組みが必要となると。いよいよ衰退が始まってしまう。

これは様々な組織に見られる病である。

ハロプロの美少女、派手な衣装、高度なパフォーマンス能力という教義は、おそらくは、初期の人気メンバーの年齢、成功期の衣装、途中で獲得していったパフォーマンス能力の結果だと思うが、宗教のように抜け出せないものになっているように見える。ネット上にある「ハロプロはダサい」という指摘はまさにそれを揶揄した言葉だ。

だが、ＡＫＢの方も、それが始まっているように見える。これは非常に主観的であるが、欅坂が何となくそんな雰囲気を醸し出しているように見えるのだ。

これもＡＫＢシステムが時代に適応している間は、まだ機能はする。だが、次の変化が生じた時はそうはいかない。

システムやコンセプトはあくまで集団を効率よく運営するためのものでしかない。「マニュアル」であるのはいいが、「バイブル」ではいけないのだ。

得意技を磨く

アイドルにおいては、グループも重要であるが、各メンバー、すなわち個人も重要である。アイドル個人が必要な能力と言えば、何であろうか？　歌、ダンス、トーク能力とあるかもしれないが、第一には外見と美貌だろう。

その美貌であるが、前述のように、ＡＫＢは同じことを繰り返すことによって、それを高めている。これに対し、ハロプロは色々なパターンを演出するのだが、これは多様性の点において、優れているが、一つのものを磨くのに適していない。

一長一短であるが、現在においては、一つのことを繰り返す方がいいと思われる。

その理由だが、まず、ハロプロが全盛期の頃は、世間、特に若年層にハロプロというものが深く浸透していた。だから、まったく合わない髪型などをしても、それとは「別バージョンの状態」が存在するということを皆は知っていたのである、だが、現在はそうはいかないので、何かの形で知られたメンバーの状態が、そのままその人の印象となってしまう。

　少し話がずれるが、℃－uteという名称は読みにくく、この点で、彼女たちは非常に損をしていたと思う。だが、ハロプロがアイドル界のトップに立っていた頃なら、読みにくくとも世間に注目させることは可能なので、その弊害は最小限に抑えられていただろう。しかし、近年はそうはいかないので、読みにくさが覚えにくさに直結してしまうのだ。

　そして、次に、現在はアイドル戦国時代と呼ばれているような状況なので、様々な種類のアイドルが供給されている。そのため、いくつもの種類の演出を平均的に使い分けるよりも、あるタイプに特化している方が有効であるということである。別のタイプの演出が使えても、それに特化したアイドルがいるので、そちらを見た方がいいということになりかねないのだ。

　一つの見せ方に限定しなくても、当人に合う髪型やメイクなどを何種類か把握しておいて、その中から、ピックアップして使うという方法などがある。衣装などはチームで合わせる必要があるため、当人に合わないのを使わざるを得ないこともあるだろうが、髪型やメイクは各個人で合うものを使うことはできるだろう。

ちなみに、同じことを繰り返しても、飽きられる心配はないだろう。それはAKBが毎回同じようなグラビアを繰り返しても大丈夫であったことを見れば、一目瞭然だ。

女は皆、アイドル

アイドル、いや、女性の美貌とは資質の要素が強いのだろうか？

そんなことはないと思う。これはメイクでごまかせるとか、そういうことではない。もちろん、メイクは関係ないとは言えないのだが、表情とかそういうものが変わってきて、可愛く、綺麗に見えるようになるのだ。

だから、美貌とは、「成長」の要素が強いと思う。

もっと言えば、その女性の「タイプ」は変えられない。だが、「レベル」はいくらでも変化するのである。憐なら憐、麗なら麗、艶なら艶、凛なら凛、爽なら爽、とタイプは決まっていて、これは変えられない。だが、その段階を上げていくことは、いくらでもできるのである。

この成長とは、まずはメイクや自撮りの見せ方の技術の向上であるのだが、もっと根本的なものとして、何か、自信のようなものをつかんできて、輝き始めるように見

える。

これはアイドルの画像の変化というものを見ていくとよく分かる。昔の画像を見ると、まったく可愛い・綺麗とも思わないようなアイドルでも、今の画像を見ると、見違えるようになっている。

握手会で人気が出たメンバーなどはまさにそうだろう。握手会で神対応を心掛けていると客は増える。そうすると、徐々に自信がついてきて、表情が変わっていく。そして、可愛い・綺麗になっていく……。

アイドルの成長の予測が難しいのは、このためだろう。成長したかどうかに過ぎないから、予測などできないのだ。

アイドルの採用で経験者は良いか否かというものも、どちらでもいいのだ。ＡＫＢは経験者が少ないが、乃木坂の方は多かった。だが、どちらも売れている。これも、未経験であってそこから成長したか、経験があったが、成長のきっかけがつかめなくて、新しい場所でそれをつかんだかという違いに過ぎないのである。

女は皆、アイドルなのだ。

第４章　ＡＫＢのユ・ク・ス・エ

時代の変遷

前章ではＡＫＢが今、そして、これから直面するであろうと思われる課題や、ＡＫＢと他のアイドルグループが留意すべきことについて書いたが、少なくとも、アイドルを取り巻く環境が変化しないということを前提に書いた。

だが、当然のことながら、永久にそれは続かない。いつかは次の変化というものに直面することになる。ここでは、やがて来るであろう変化について書く。

ただ、未来のことを書くから、予想程度でしかない。現在のように、明らかになっている事項ではないのだ。特に、時代全般ではなく、アイドルという特定の分野について書くのだから、なおさらだ。

実際に、２０００年以前に、アイドル界において現在のＡＫＢのようなシステムが有効となるとは誰も考えつかなかっただろう。おそらくは、予想もしなかった変化が生じ、予想もしなかった対応策が編み出されるのだ。

無限の方策

まずは、現段階で明らかになっていると思われる変化を原則のような形で書く。ただ、これは前述したが、現在は過渡期である。だから、前時代的な方策が必要な状況もまだ多々ある。

また、原則のような形で書くのだが、原則通りにやればいいわけではないし、必ずしもここで示されたことすべてに適応しなくてはならないというわけでもない。端的に言えば、生ずる変化は一つであるが、それにどのように対応するかは人や組織それぞれなのだ。

実際に、漸進戦へはＡＫＢの個人の集合体のようなシステムが有効であるが、ジャニーズのように従来のグループ編成で対処できている場合もある。ジャニーズの場合、ソロ活動の充実とジャニーズブランドの構築が主な勝因であるが、対策はいくらでもあるという例である。

また、音楽の勢いの低下に関しても、ＡＫＢのように多分野に展開することで対処する場合もあるし、ももクロのように音楽にエンターテイメント性を混ぜて対処することもできる。
「状況は一つ、対策は無限」なのだ。

加算性……単純な足し算で積み上げていく必要がある

前時代では、要点に仕掛けて一気にやることが可能であったが、徐々に難しくなっている。そうであれば、一つひとつ積み上げるしかなくなる。爆弾はもはや使えないのだ。

熱中性……熱中させるということが重要である

皆の興味が分散すれば、各個人が好きなものを追う、だから、それぞれの人がそれぞれの物事に熱中する。だから、ライトユーザーよりもヘビーユーザーの方が重要である。

自発性……対象となる人が自発的に動くようにしなくてはならない

これはヘビーユーザーの特質を説明したものとも言えるが、以前は、皆が見ているから見ていた、というものがありとあらゆる分野で見られた。だから、自分の意志で行動しているように見えても、実は動機は他から来ているものも多かった。だが、その皆が見ているというものがなくなれば、その人が自発的に来るということしか期待できなくなるのだ。

多様性……同じ分野の中でも、存在するものの種類が増える

これは興味が分散すれば、必然的に、個人の好みに合わせて多様なものが出現するようになるのである。

多手法性……物事を行うのに、様々な手法が出てくる

物事の種類が少なければ、標準と呼べる手法が出てくる。だが、種類が豊富になれば、必然的に手段も同時に多様になり、標準と呼べる手法はなくなっていく。

ＡＫＢの総選挙で海外からの投票というものが存在する。特に中国は日本よりも人口が多いため、影響力があるようだ。これらは一般的に「裏技」扱いされやすい。だが、中国で多様性が進めば、当然、日本のＡＫＢに興味を持つ人も増える。だから、彼らの票を狙うことはまったくおかしなことではないのだ。

小規模性……従来よりも規模の小さなものが増える

物事の種類が増えれば、一つひとつの規模は低下していく。

直接性……直接的な手法が増える

規模が低下すれば、直接的に接触するようなものが可能となる。握手会などはその例である。扱わなくてはならない量が多い場合、直接的な接触は不可能であるか、難しくなる。

非効率性……効率の悪いやり方が増える

直接的な接触は効率が悪い。一度に多くの量がさばけないからである。CD販売やテレビの出演は、それを買う、見るなど一度に対象となる相手が非常に多いので、効率的である。握手会などが原始的で退化したように見えるのは、非効率的であるためである。

非常識性……一般的な価値観とは異なるものが増える

多くの人に見てもらうには、多くの人の価値観に適合しなくてはならないから、常識的なことに従わなくてはならないが、一部の人たちだけが相手ならば、それに従う必要は必ずしもなくなる。

主観性………主観的なやりとりが増える

それぞれが自分の興味を追えば、興味の同じ者同士の小集団のようなものができる。これは同じ価値観同士のものが集まるから、排他的になる。そのため、客観的なやりとりよりも、主観的なやりとりが増える。

大きな集団の場合、様々な価値観の人が集まるので、主観的な意見は通りにくい。

ＡＳＡＹＡＮは初期の「モー娘。」をセンセーショナルに取り上げることはあったが、基本的な立場は、起きていることの報道のようなものだった。また、「モー娘。」が売れている理由を説明するにしても、正しいかどうか分からなくても、少なくとも、客観的に見る態度があった。「モー娘。」のメンバーの中に男性の好みのタイプの女の子が必ずいると評したものを見た記憶がある。これは正しいかどうか不明だが、客観的に見る態度はあるだろう。

だが、その後はそうではなくなる。２０００年代後半の「モー娘。」のことを「プラチナ期」と呼ぶようである。これは歌やダンスの技量が非常に高まった時期であるので、そう呼ぶらしいが、この時期はまさに「モー娘。」が凋落し、ＡＫＢが台頭する時期であり、とてもじゃないが、プラチナなどとは呼べない。だが、このプラチナ期という用語はファンの間に定着しているようである。

一方のＡＫＢの応援団の方々の論説も、ＡＫＢを称讃するような論調のものが多い。

これは他の分野でも同様で、アメリカの政治においても、ＣＮＮのコメンテーターが「トランプ氏や彼の支持者には、もはやファクト（事実）そのものが通じない。気にいらないファクトはオピニオン（意見）として認めないからです」と指摘している。

もちろん、すべてがそうではないのだが、社会全体が蛸壺化・主観化しているのは間違いないだろう。

愛は不可欠なのだ。

過渡期の手法

以上、原則のような形で現在見えている変化を示した。

現在は過渡期であることを前述したが、ＡＫＢは変化に適応する一方、そのジレンマにも見舞われているようにも見える。

握手会はファンを獲得する有効な手段かもしれないが、人気が出ると、一度に何万という人数の相手をしなくてはならなくなるので、非常に非効率的なものとなる。かといって、ＣＤ販売やテレビのような効率的なやり方は以前ほどの力は持っておらず、これだけでやるには心許ないので、止めるわけにはいかない。

ジレンマの一方で、上手に利用している点もある。

総選挙などはヘビーユーザーに買わせて、ライトユーザーに対する宣伝にもなっているから、これは上手く利用したやり方だろう。

これらの変化がさらに進めば、ＡＫＢは適応できるのだろうか？　現時点では分からない。

狩りに誘う

この過渡期状況を上手く利用したゲーム作品がある。それは「モンスターハンター」だ。

モンスターハンターはやりこもうと思えば、それこそ、何百時間とやりこむことが可能であり、この点でヘビーユーザー向けである。

だが、敷居が高く、ライトユーザーには手が出ないというと、そうでもない。モンスターを狩るという単純なもので、1回のプレイ時間は何十分というものでしかない。また、複数で狩りをすることもできるので、上級者にサポートしてもらうことも可能だ。

ライトユーザーとヘビーユーザーの両方に対応するには、「難易度、プレイ時間、熱意などの調整」があることが重要である。

一般的なＲＰＧだと、とりあえず、ストーリーに沿ってゲームをクリアしなくてはならないので、この調整が利きにくい。だから、クリア後の隠しダンジョンやラスボス以上に強いボスなどを作ったりして、この調整をしている。

モンスターハンターはこの調整が自然にできているのである。

携帯ゲームなどもそうだろう。無料でできる一方で、何十万という金額を使っているユーザーもいる。段階的にゲームに参加できるようになっているのである。

縮小する市場

他に考慮に入れるべき要因はどのようなものがあるか。

まずは、市場の縮小があるだろう。テレビ、グラビアなどの雑誌といったアイドルが活動する空間の市場が縮小するのである。

単にテレビや雑誌などの市場が縮小するだけならいいが、アイドル市場、すなわちアイドルの需要そのものがなくなってしまえば、社会の中のアイドルの地位といったものまでもが低下してしまう。

どちらもアイドルにとって、致命的な打撃を与える可能性があるが、これはどうにもならず、対処のしようがない。

だが、現実には遅かれ早かれほぼ間違いなく到来する事実だ。特に、テレビや雑誌離れというのはもはや止められない現象となっており、その現実に直面することは時間の問題でしかない。

これにより、アイドル業界が変化を強いられる可能性がある。

まず、市場が縮小することによって、大規模組織を支える経済的基盤が失われる可能性がある。これはＡＫＢの存在の基盤そのものが危機にさらされることを意味している。

ＡＫＢの一般的に知られているメンバーは全体の10分の1程度、市場が縮小こそすれ、これを維持するのは困難になる。

では、ＡＫＢシステムを縮小させれば対応できるかと言えば、できない可能性の方が高い。

まず、そもそも雑誌などの仕事が少ないか、まったくないので、個別化された組織編成はほとんど意味を成さなくなる。

そして、大規模組織の編成が不可能あるならば、小さな組織が細々と点在することになるので、ブランド戦略といったＡＫＢが得意としていた戦略も無意味になる。むしろ、ブランドによって、やっていいことに制約がかかるので、足枷にすらなる。

環境の変化が生じることによって、必要な戦略も変化するのだ。ハロプロが衰退したように、今度はＡＫＢが衰退するのである。

進む個別化

個別化といったものもさらに進んでいくだろう。

ここで一つ注目したいのが、総選挙の投票数である。

去年あたりから、ＡＫＢの総選挙において、世間の関心を引くような話題がなくなってきている。今年の総選挙は須藤凜々花さんの結婚宣言が話題になったが、実施前には同じく、世間一般の関心を引くような話題はほとんどなかった。

だが、投票数は、去年は前年度に比べ微減にとどまったし、今年はわずかではあるが、増加に転じている。

ライトユーザーは世間一般の関心に引きずられることが多いのに対し、ヘビーユーザーはそのようなことはないだろう。すなわち、これは力点がヘビーユーザーへ移ってきていることを示している。来年度以降はどうなるのかは不明だが、「世間の一般の関心事」よりも、「各自の関心事」の方に重要性が移っていることは確かだ。

ただ、ＡＫＢの方も、うかうかとしてはいられない。

個別化が進めば、各人の好みに合わせて様々なものが細分化されることになる。そうなれば、個別の興味に対応するために、小集団のままの方がいいこともある。大規模な組織を編成したとしても、それに対する需要すらないということにもなるだろう。

もちろん、これはＡＫＢの編成が無駄になることを意味しているのだ。

期間延長

また、高齢化というのも今後を考える上で、欠かせない要因だ。

アイドルの年齢が上がっていることを前述したが、この年齢が上がっている、高齢化といったものは本質的に何を意味するのであろうか?

これは「各期間の延長」ということである。これは、「子供が15歳まで、青年が25歳まで」というのが一般的な年齢の各期間の定義であったとしたら、「子供が20歳まで、青年が35歳まで」と各期間が延びた形に定義が変化するということである。

一つの例が美魔女である。美魔女は主に中年の女性の美貌コンテストで選ばれた、年齢を感じさせない女性のことを言うが、このコンテストはほとんどの場合、水着の審査がある。中年の女性は一般的に人前で水着姿にはならないだろう。普通は20代までだ。だが、水着の審査があるということは、このコンテストは「現在の価値観の中年女性としての美貌を競うコンテスト」ではないことが分かる。このコンテストは「20代の基準が用いられたコンテスト」なのだ。つまり、一般的な20代の期間が延長されているのである。

この美魔女の例を見ると、高齢化の背後には「アンチエイジング」があることが分かる。

他にも、サザエさんに登場するキャラクターも参考になる。サザエさんの夫のマスオさんの年齢は28歳、ノリスケは25歳、マスオさんの同僚のアナゴさんが27歳という設定がなされている。実は全員20代なのである。だが、現在の感覚だと間違いなく全員30代だ。

最近、大学生の授業態度が悪くなっているということが聞かれるが、子供の期間が延長されているとしたら、仕方がないかもしれない。

期間の延長というのはアイドルも同じだ。20歳前後が終わりというものが、20歳前後が本格スタートというものになっている。ある意味で、高齢化を一番説明できるものはアイドルなのかもしれない。

大人じゃない

かつて、AKB系にSDN48というグループがあった。

このSDNは２００９年に結成されたが、２０１２年に解散している。コンセプトは「大人向け」であり、実際に公演の入場に年齢制限があった。また、メンバーの年齢は20歳以上で、恋愛も認められており、既婚者もいた。

3年もたたずに解散してしまったから、結果的には失敗であっただろう。

このSDNの間違いに、まず、SDNは「大人＝セクシー」という感覚がある。大人＝セクシーではない。セクシーというのはあくまでタイプであって、それこそ、高校生でもセクシーな人はいるし、大人でもカワイイ人はいる。

そして、二つ目が年齢の問題である。他のAKBグループを見れば分かるように、現在では、20代前半くらいでは、まだ、一般的なアイドルとして扱われる。小嶋陽菜さんなどは、29歳までアイドルをやっていた。

大人のアイドルというものを作りたければ、それこそ30代の人を集めなくては、現在では「大人」として認められないだろう。彼女らは大人ではなかったのである。

ハンサムなおじさん

このアイドルの高齢化という点でも、ジャニーズは参考になる。ジャニーズは30代、40代のメンバーも活躍できており、この点での成功者なのだ。

まず、着目したいのが、「区切りが明確でない」ということである。

ジャニーズのメンバーは最初、アイドルとしてデビューするのであるが、どこかでアイドルとしての区切りをつけて、俳優なりタレントなりになるのではない。アイドルとして、ドラマやバラエティーに出演し、それが中年になっても、続いていくのである。

この現象は女性アイドルの方も起きている。アイドルとして、モデルをやったり、バラエティーやドラマに出演したりしている。また、女子アナなども、アナウンサー兼タレントという具合になっている。全体として、アイドル、タレント、モデル、女優、女子アナといった区切りは薄くなりつつあるのだ。

そして、ジャニーズでもう一つ着目したいのが、「グループを据え置く」ということだ。

ジャニーズは各メンバーがソロ活動に重点をおきだして、グループとしての活動が少なくなっていったとしても、グループを解散させたりしない。とりあえず、据え置いておくのである。例えば、Ｖ６などはグループとしての活動は現在ではあまりないのだろうが、解散させるという話はない。

これにはどのようなメリットがあるのか？

まず、グループについているファンを手放さないという点がある。実体として活動がなくとも、グループのファンだから、メンバーの動向をチェックしているという人はいるだろう。

次に、グループが解散しないから、各メンバーは今も「アイドル」の肩書を利用することができる。実体としては俳優やタレントであったとしても、アイドルとして見てくれるのだ。

流れを断たない

区切りがないことと据え置くことは「流れを断たない」効果がある。

よくアイドルから女優への転身の難しさが語られるが、その理由の一つにアイドルのイメージが抜けないというものが挙げられる。

もちろん、これも理由の一つなのであろうが、もう一つの理由に、アイドルの卒業という出来事によって、流れが断たれてしまうということがある。

ファンもアイドルというものを前提としてついてきたのだから、今後はどうなるか分からない。今までの蓄積がリセットされてしまうのだ、
これに対し、最初から女優を目指していた方は、このリセットがない。ファンもそのまま継続して付いてくる。流れが続くのだ。

ジャニーズがやっていることは、流れを断たない方策なのである。

女神の卒業

女性アイドルは高齢化にどのように対応すればよいのか。

まず、据え置きという手法は使えそうだ。

ＡＫＢの場合、グループを解散させることはないだろうから、他のモデル業やタレント業が忙しくなって、ＡＫＢとして活動はほとんどなくとも、「とりあえず所属だけはさせておく」のだ。これにより、アイドルとしての肩書を使うことはできる。

また、応用すれば、人気メンバーを辞めさせないための方策にも使えるかもしれない。

ハロプロの場合、通常のグループ編成であるので、℃-uteなどは解散させずに、据え置いても良かったと思う。

男性と女性の違いがあるから、いつまでも区切りなく、据え置けるかどうかは分からない。だが、少なくとも、現在よりも長くはできそうである。

一般的に思われている以上にアイドルは長い期間できそうだ。前述のように、20代後半か30歳くらいが、アイドルの辞め時の標準であってもいいのではないだろうか。小嶋陽菜さんはこの先兵として見ることができる。ひょっとしたら、据え置きなら、40歳くらいまでやれるかもしれない、

25歳前後で辞めるアイドルは多いが、その年齢でも人気があるということは、周りはまだやって欲しいということである。期待に応えてはどうだろうか。

ちなみに、高齢化対策は、年齢の高いメンバーが活躍できていることが示す通り、AKBは他のアイドルグループよりもできている。この点で負けることは現時点ではないだろう。

狭間の傑作

ＡＫＢの特質について書いてきたが、こうして見ていると、ＡＫＢは新旧両方の時代の特性を持っていることに気づかされる。

活動内容は、従来のＣＤ販売、グラビア、バラエティーなどから、小規模な劇場、握手会などの新たなものまで。

大規模な組織とブランドを使いながら、ファンの側は、それぞれの選択により好きなメンバーを応援していくという形態。

ＡＫＢとは何だったのか？　ＡＫＢはなぜあれだけ上手くいったのか？

これに対する答えは、「ＡＫＢは時代の変わり目において、新旧の両方の要素を上手く取り入れたアイドルグループであり、それが大きな成功を生んだ要因である」というものになるだろう。

まさに「狭間の傑作」であるのだ。

次世代のアイドル

だが、そうであるとすると、ＡＫＢはその「新」「旧」どちらに属するのであろうか？

答えは冒頭で書いた通り、「旧」の側に属するアイドルグループである。あくまで、旧来の手法に新たな要素を取り入れたということに過ぎない。

だが、そうであるとすると、現時点で、「新」の側を予感させるような存在はないのであろうか？

実はその兆候らしきものがある。

それはネット上でアイドルのような活動をする方たちだ。動画配信などを行っているので、「配信者」などと呼ばれていたりもする。

彼女たちが次世代のアイドル、ＡＫＢを打倒する存在ではないのか。

現時点で見えている次の時代の特徴を、この章の最初でいくつか挙げた。彼女らは一歩一歩活動していき、徐々にファンを増やしていく。ファンは彼女らに熱中し、自発的に彼女らの動画を見る。彼女らの特色は多種多様であり、その手法は様々だ。規

模は小さく、直接的な接触は容易であり、通常のアイドルから見ると、効率が悪そうに見える。彼女らは常識に縛られず、主観的なファンの視点の中に生きている。まさに、次世代の特徴を備えた時代の申し子のようだ。

また、彼女らは自分の活動の内容を自身で企画していることが多い。そして、ネット会社や一個人が人気のある人たちに声をかけて、イベントを主催していたりする。従来とは異なる仕組みである。まさに、従来の系統とは違う、新たな系統である。

ＡＫＢが直接彼女らに打倒されるわけではなかろう。また、数年で状況が変わるということもない。だが、大帝国が徐々に異民族の侵入で滅びるように、ＡＫＢの支配は徐々に浸食されていく。そして、次世代の鐘の音が鳴り響く。

そんな気がしてならない。

金字塔

社会の共通の関心事、これが年々少なくなっていく。一昔前はそんなものはいくらでもあったのに。ただ、これは時代の流れだから、誰にも止められない。

ＡＫＢはひょっとしたら、最後の社会の共通の関心事なのかもしれない。

今後、ＡＫＢがどうなるかは、分からない。

だが、どうなろうとも、「ＡＫＢ」というアイドル集団は、後世に残せる日本文化史の中の、大きな金字塔の一つであることは間違いないだろう。

See you!

【参考文献】

『ＡＫＢ48の戦略！　秋元康の仕事術』秋元康　田原総一朗　アスコム　２０１３年
『ＡＫＢ48の経済学』田中秀臣　朝日新聞出版　２０１０年
『日本経済復活が引き起こすＡＫＢ48の終焉』田中秀臣　主婦の友社　２０１３年
『ＡＫＢ48がヒットした5つの秘密　ブレーク現象をマーケティング戦略から探る』村山涼一　角川書店　２０１１年
『ＡＫＢ48ビジネスを大成功させた〝7つの法則〟』溝上幸伸　あっぷる出版社　２０１１年
『僕たちとアイドルの時代』さやわか　星海社　２０１５年
『ＡＫＢ48白熱論争』小林よしのり　中森明夫　宇野常寛　濱野智史　幻冬舎　２０１２年
『読むモー娘。ＡＫＢ、ももクロに立場を逆転された後に、なぜ再び返り咲くことができたのか』花山十也　コアマガジン　２０１４年
『アイドル論の教科書』塚田修一　松田聡平　青弓社　２０１６年
『アイドル／メディア論講義』西兼志　東京大学出版会　２０１７年
『アイドル国富論　聖子・明菜の時代からＡＫＢ・ももクロ時代までを解く』境真良　東洋経済新報社　２０１４年

『山口百恵→AKB48ア・イ・ド・ル論』北川昌弘とゆかいな仲間たち　宝島社　2013年
『グループアイドル進化論「アイドル戦国時代」がやってきた！』岡島紳士　岡田康宏　毎日コミュニケーションズ　2011年

著者プロフィール

望月 寛丈（もちづき ひろたけ）

1979年生まれ
神奈川県出身
青山学院大学文学部史学科　卒業
東京ミュージック＆メディアアーツ尚美（現　尚美ミュージックカレッジ専門学校）アレンジ・作曲学科　卒業
著作『ウェブ時代の音楽進化論』幻冬舎ルネッサンス　2010年

AKBのヒ・ミ・ツ

2017年10月15日　初版第1刷発行
2017年12月30日　初版第2刷発行

著　者　望月 寛丈
発行者　瓜谷 綱延
発行所　株式会社文芸社
〒160-0022　東京都新宿区新宿1－10－1
電話　03-5369-3060（代表）
03-5369-2299（販売）

印　刷　株式会社文芸社
製本所　株式会社本村

ISBN978-4-286-18743-3